に使える
CIA流

Get The Truth

Former CIA Officers Teach You How to Persuade Anyone to Tell All

真実を引き出すテクニック

P・ヒューストン、M・フロイド、S・カルニセロ
P・ロマリー、D・テナント
Philip Houston, Michael Floyd, Susan Carnicero
Peter Romary & Don Tennant
[著]

鈴木淑美
[訳]

創元社

GET THE TRUTH :
Former CIA Officers Teach You How to Persuade Anyone to Tell All

Published by arrangement with St. Martin's Press, LLC.
through Tuttle-Mori Agency, Inc., Tokyo

はじめに

時刻：未明。日の出までまだ二時間ほど。場所：厳重に警備されたドアの前。ドアの向こうは窓のない、かび臭い小部屋だ。国外某所、ありふれた建物の一角。その部屋には一人の男が座っている。軍とCIAが協力しておこなった秘密作戦で捕らえられ、数時間前に連行されてきた。じつはこの男、われわれの暮らしを一変させたあの九・一一テロに深くかかわっていたとされている。アメリカ政府はこの男に高い利用価値があると判断した。それというのも、この男は九・一一テロの計画・実行だけでなく、現在進行中の（おそらくより凶悪な）テロ攻撃についても貴重な情報を握っている可能性がある。いま、テロとの戦いにおいて、この男から情報を引き出すことがきわめて重要なのだ。何の罪もない何千、何万もの人たちの命がかかっている。与えられた任務は、この男の口を割らせること。事の重大さに、考えるだけで身が引き締まる。部屋に入ってから、どんな方法で、どんなテクニックを用いればうまくいくだろうか。

この答えは本書にある。

本書の根底にあるテーマは、俗な言い方をすれば「落とし方」である。「話してしまったら人生がめちゃくちゃだ」「ぜったいしゃべるまい」と恐れ口をつぐむ人を誘導し、真実を告白させるプロセスが書かれている。じつのところ、このプロセスから連想されるある種のテクニックが、合衆国内で、また世界中で激しい感情論を巻き起こしている。私たちがキャリアの大部分を、ひいては人生の大半をささげてきたＣＩＡという組織が議論の俎上に上るとき、ますます感情論はエスカレートする。

私たちの世界で、このプロセスは「取り調べ*」と呼ばれる。「取り調べ」と「ＣＩＡ」を並べて書くと、反スパイ活動や対テロ戦争で緊張状態にある今日、どうしても先入観やいやなイメージをもたれてしまう。それもしかたないかもしれない。二〇〇一年九月一一日に対テロ戦争が宣言されて以来、多くの市民がうすうす推測していた「首謀犯」が正しいことを立証するべくあらゆる方法が用いられたのだが、必要以上にその方法が明るみに出てしまった。この方法に賛成の立場をとる人たちは、婉曲表現を用いて「強化尋問」と言う。しかしこれはあくまで「婉曲」表現だ。

「あるものが何であるか」を述べるとき、「何でないか」を考えるほうがわかりやすいことがある。それでいえば、本書はＣＩＡやほかの機関が用いる取り調べのノウハウについて説明したものではない。議論を発表するわけでも、何か過失を謝罪するわけでもない。議論を封じこめようというのでもない。国家の安全を守るために用いられる取り調べのテクニックをめぐっては、議論が止むことはないだろう。しかし、本書ではそれには触れないでおく。私たちがあれこれ決めることではないのだ。

私たちにできることは、キャリアで得た経験から語ることだけだ。具体的で、またとてつもなく難しいただ一つのゴールを達成するために、私たちはずっと取り組んできた。キャリアの階段をのぼりながら、何十年もの間この目標を追い求めてきた。そして私たちの歩む道が交わり、互いのノウハウを学び合うなかで、個人的な経験は混じり合い、包括的な体系としてまとまっていった。これに基づいて、私たちはチームとしての活動を展開し、とくに真実を引き出すメソッドを確立したのである。

このメソッドがどのように生まれ、研ぎ澄まされてきたか。おそらくチームスポーツを想像していただければわかりやすいだろう。まずフィル・ヒューストンは選手兼任コーチ。CIAの安全保障担当上級職員として二五年間勤務し、同僚からも、合衆国政府高官からも、CIAきっての凄腕取調官として評価されている。実際に、CIAの歴史上最も注目をあびた事件で何度も結果を出してきた。二人目、マイケル・フロイドはわが国におけるポリグラフの権威としての経験と評価を生かし、CIAはじめ国家安全保障局でも面談*・取り調べの達人となった。三人目、スーザン・カルニセロははじめ、CIA作戦本部（現在の国家秘密局）の覆面スパイだった。犯罪心理学にも詳しいなどたぐいまれなスキルをもち、CIAで最も敏腕取調官・適格審査官というにふさわしいだろう。

もちろんこの三人はそれだけで最強のチームであるが、機会があれば有能なルーキーにも入ってもらった。新人の名はピーター・ロマリー。経験豊かな立ち会い審査官兼教育担当者だ。調停や交渉の専門家として世界的に評価を得てもいる。彼が長い年月をかけて打ちこんできた任務は、つきつめていえば私たち三人と同じ――相手から真実を引き出すことだ。私たちがどんなふうに取り調べをするのか、これからご説明しよう。相手から本当のことを聞き出したい場面で、誰でも応用できるノウハウもたっぷりお話ししていきたい。

フィル、マイケル、スーザンは本書に先立ち『CIA流 嘘を見抜くテクニック』（邦題『交渉に使えるCIA流 嘘を見抜くテクニック』創元社）を上梓したが、そこでも同じやり方をとっている。つまり、まず嘘を見きわめる方法を説明し、日常生活にどう生かせるかに話を進めていった。このテクニックはもちろんそれ自体たいへん価値があるけれども、これがわからないと本書でお話しする「真実を引き出すテクニック」も理解あるいは応用できないというわけではない。あらかじめ『CIA流 嘘を見抜くテクニック』を読んでおかれたら役に立つのは確かだが、読んでいなくてもかまわない。そうはいっても、前著を読んだ方は、同じ人物が出てくることに気づくだろう。前著では嘘をどうやって見破ったかを述べた。本書はいよいよ本当のことを言わせるテクニックを披露する。

前著と本書には、もう一つ大事な共通点がある。『CIA流 嘘を見抜くテクニック』で私たちは「効果的」と一般に思われてきた数多の定説を一掃し、世間の思い込みに異議を唱えた。私たち自身の経験を述べていくと、いわゆる嘘を見破るコツなるものは実は意外とあてにならないことがわかるだろう。本書で披露する取り調べの方法も、これまで正しいとされてきたことを否定するものであり、意外に思われるかもしれない。取り調べとはすなわち「苛酷な対決の場面」であると思う人は多い。しかし実際のところ、こうなったら取り調べは失敗だ。その違いは「戦争」と「外交」のようなもの、と言ったらおわかりいただけるだろうか。目的を達成するには、敵を武力で踏みにじる方法もあれば、交渉術を用い、心理的に相手を操る方法もある。私たちは後者つまり外交こそはるかに効果的だと考えている。

何年もの間、周囲からなかなか理解を得られなかったが、私たちはこうした立場を主張してきた。だが、「取り調べ」に、社会的・政治的に耳触りのいい婉曲表現をあてることだけはしなかった。理由は本書をお読みいただければわかるだろう。

相手から真実を聞き出したいとき、私たちのやり方をぜひ試してほしい。誰でも、能力や立場がどうであっても、きっとうまくいくはずだ。

交渉に使える　CIA流　真実を引き出すテクニック　目次

はじめに　3

1　女スパイの告白とインフォマーシャル──「その場思考」モードの驚くべき力……11
2　最良のシナリオか最悪のシナリオか……21
3　「取り調べ」モードにスイッチを入れるとき……34
4　モノローグで真実を引き出す……43
5　効果を上げる「話し方」……54
6　相手に合わせてモノローグを組み立てる……64
7　モノローグに抵抗されたら……86
8　相手の発言を聞き逃さない……97
9　嘘も方便……109
10　対立や敵対は逆効果──人を裁くな……117
11　ラルフの告白──こうして彼は口を開いた……128

12　もしO・J・シンプソンを取り調べたとしたら……148
13　真実を引き出したいなら……172
付録I　ビジネス、法律、および日常生活の場での活用法　180
はじめに　180／1 楽観バイアス　181／2 確認バイアス　185／3 説得力を増すコツ　189
4「好き」と思われたい！　192／5「私たち」が効果を発揮する　196
6 酸っぱいブドウ──モノローグと認知的不協和の力の活用　200
7 言ったことは守らせる　202／8 焦らずじっくりと　205
9 嘘も方便、とはいうものの　206／10 ドーナツの効果　208
11 用心深いガイドのように　212
12 英国法廷における「カツラ」の意味──役割になりきる　214
13 力ずくではできないこと　216
付録II　すべては準備から始まる　218
付録III　実際のO・J・シンプソン面談記録　223
用語集　250
謝　辞　256
訳者あとがき　261

※本文中の＊が付いた語は、巻末の用語集に解説があります。

交渉に使える　ＣＩＡ流　真実を引き出すテクニック

Of Espionage and Infomercials: The Extraordinary Power of Short-Term Thinking

1 女スパイの告白とインフォマーシャル

――「その場思考*」モードの驚くべき力

ヴァージニア州ラングレーにあるCIA本部は長い年月でかなり様変わりしている。それでも、もともとの本部ビルは、ニューヨークにある国連ビルと同じ設計会社による立派なコンクリート造りで、一九八〇年代初頭までは、ほぼ建てられた当時のままだった。フィル・ヒューストンが安全局のポリグラフ部門で検査官として勤務しはじめたのもそのころだ。CIAの業務は性質上、同じビル内でも職員が他の部署に足しげく通うことはほとんどなかったが、誰でもよく顔をみせる場所が一つだけあった。ポリグラフ部門である。

CIAのポリグラフ検査官というのは、当然のことながら年中通して並大抵の仕事量ではない。CIAへの就職希望者をふるい分けたり、現職員を定期的に調査しなおしたり、また時には不適切あるいは犯罪にあたるとされる行為を調査したり……ほっとする暇もめったになかった。しかしフィルにしてみれば、仕事そのものもたまらなく楽しく、またこの忙しさも気持ちが躍った。当時まだ新米であり、在任資格こそないけれど、自分はこの仕事に才能があるんじゃないかと思えたし、ポリグラフ検査をおこなうたびに技術が磨かれていくのもうれしいものだった。そんなある朝、フィルはCIA職員メアリー（仮名）の再調査を指示された。おきまりの再調査だ。いつものように「いいですよ」と引き受けた。これといって面白みのある調査には見えないが、それはそれでいい。ありふれたケースをこなすのも仕事のうちだ。

メアリーは少なくとも一回の海外勤務経験のある中間管理職員で、見たところいたって地味である。結婚歴はなし。男性を惹きつけるタイプでもなさそうだ。以前ポリグラフ検査を受けたことがあり、手順にも慣れている。フィルが標準的な予備質問リストから検査を始めても、リラックスした表情を浮かべていた。しかしその余裕も長くは続かなかった。「外国の諜報機関に加担したことはありますか？」という必須の質問をすると、メアリーはなぜか動揺した表情を浮かべた。ポリグラフ検査でも、ここに何かしら問題があることは明らかだった。

すぐに解決すべき重大問題があるとしても、「他国と通じていたか」という質問にこんな反応をみせるのはおかしい。たしかに状況は深刻だが、メアリーがあわてたのはたいした理由ではないだろう。しょせんメアリーはスパイ小説に出てくる魔性の女というよりも、平凡なオールドミスといった感じの女性だ。フィルはゆっくりした口調で問題の核心に迫っていった。低い声にはノースカロライナなまりがある。

「ポリグラフ検査をするとよくあることなんです。たいしたことじゃないのに、ちょっと気にしていることがあったりして、なんやかやで考えれば考えるほどひっかかってしまう。どうってことのない見落としとか、些細な判断ミスとか、間違えてはいけないと思うあまりに、かえって間違えてしまうんですよね」

メアリーはうなずいた。

「そう思うわ。セキュリティ違反をしたのよ」

メアリーは続けて、海外出張先で承認を得ないまま政府資金を用い、現地の人間に便宜を図ったのだと述べた。詳しい説明を聞いて、フィルはほっとした。もちろん、メアリーの行為は明らかに規則違反である。ところがこの手のことは、海外で活動する政府職員には（本人は認めたくないだろうが）けっこうよくあることだ。そうはいっても、きちんと対処しなければならない。フィルは安心させるように言った。

「わかります。あなたが初めてというわけではないですし。ここであらいざらい話してしまいましょう。その現地の人間というのは知り合いなんですか？」

「ええ、知り合いよ」

メアリーは答えたが、それだけではなかった。話はまだまだ続いた。メアリーの告白に、フィルは耳を疑った。ドンファン（仮名）というその知り合いは現地政府に勤務しているという。やりとりが進むにつれて、メアリーはついに打ち明けた。このドンファンはじつは現地政府の情報局職員なのだと。さらに重大な真相が見えてきた。二日目の面談が終わるころ、「二人は男女の仲だった」と認めたのである。

そういうことだ。目の前にいるこのＣＩＡ中間管理職の女は、外国の情報局員と関係をもったのだ。ベッドでドンファンに何をしゃべったのだろう？　とにかくそれをはっきりさせなければ。この段階で、メアリーは平静を失っていた。涙を流している。フィルはできるかぎり優しい声で話しかけた。

「誤解しないでください。あなたがスパイだと言っているのではありません。彼に全部差し出したというわけではないですよね。もしベッドで何か話したなら、何を話したか教えてください。それでこの問題は片付きますよ」

メアリーはふと泣き止んだ。フィルを見上げ、ささやくような声で言った。

「わかってないのね。全部よ」

フィルはみぞおちを一撃されたようなショックを受けた。とたんにいろいろな感情がないまぜになって押し寄せる。悲惨な現場の第一目撃者がいだく感情に似ているかもしれない。しかし、いまこの場面で与えられた任務の大きさを思うと、ポリグラフ検査官としての本能がむくむくと頭をもたげた。感情をわきに押しやる。人々の安全を守らなければ。心理学でいう「観念的流暢性」、つまり、状況の必要に応じて考え方を瞬時に切り替える能力が発揮されたのだ。フィルの場合、この能力は生まれつきのものだった。

「そうか、わかった。その話を聞かせてください」

これから数日間、聴取が続いた。メアリーは残らず事実を明らかにした。実のところ、ドンファンには任務のすべてをしゃべっていた。役職者の顔と名前を教え、作戦についても全部しゃべっていた。また、建物全体の写真を撮り、渡していた。知る限りの職員一人ひとりの名前と写真も。彼女がやったことは――そう、どうみてもスパイだ。

話を聴くのに全部で八日かかった。まる一日かけて「情報の見返りにドンファンから何を受け取ったか」と質問したが、「宝石を少しもらった」ことは認めたものの、それ以上は頑として口を割らない。しかしポリグラフではそれ以外に何かもらったことが示されている。

CIAのスパイ対策チームは状況の進展について逐一報告を受けていた。FBIもそうだった。日を追うごとに点と点が結びつき、背景が明らかになっていった。メアリーは否定したが、ドンファンは現地政府のスパイだけではなく、他国政府のスパイとしても活動していた。それだけではない。メアリーが海外で任務を遂行している間、CIAの職員が殺されていた。諜報機関の関与は明らかだったが、当時はなぜそんなことになったのか、どこから情報が漏れていたのか誰にも推測がつかなかった。「私が教えたのよ」とメアリーは認めた。

フィルは嫌悪でいっぱいになった。彼女はCIAを裏切っただけではない。わが国の男性、女性、子どもたちすべてを裏切ったのだ。こうした感情をもつことがふさわしいかどうかわからないが、メアリーを心底軽蔑した。それでも、聴取の間は優しい態度を崩さなかった。八日目が終わり、すべて終了となったとき、メアリーがそっと寄ってきて、ハグした。

「ありがとう。わかってくれて」

FBIもこの事件の重大さに関心を寄せていた。諜報部門に携わる次長はとくに深刻だ。「メアリーが情報を『全部』渡したことを自白しました」とフィルがCIA保安局部長ウィリアム・コタピッシュのオフィスで報告したとき、次長もその場にいた。どんな情報が流れていたかを聞いたFBI次長は「明らかにスパイ事件だ」とみて、すぐさまこの事件を引き継ごうと身を乗り出した。同席していたCIAのスパイ対策上級職員が、フィルの報告にこう口をはさんだ。

「しかし、なぜかあの女はこいつと話をするのが好きらしいな」

フィルはこの侮辱を受け流し、「聞こえてるよ」と心の中でつぶやいた。メアリーがフィルと話をするのが好きというわけではない。フィルが細心の注意を払って話を進めていった結果、口を割らせることができたのだ。

CIAのスパイ対策職員は、「FBIがこの事件を引き継ぐには問題がある」と述べた。フィルが引き出した告白は機密扱いだから、FBIがこれに触れるのは論外だというのだ。

コタピッシュは「FBIが独自の捜査をおこなえばどうか」と言った。FBI次長はすぐに同意した。その場で政府省庁と直通のグレイライン(盗聴防止付電話)でFBIのワシントン局に話が通じ、FBI捜査官二名がその夜、メアリーの自宅で聴取する手筈が整えられた。

せっかくメアリーから決定的な情報を引き出せるチャンスだったのに、FBIのこの聴取は始まる前に結果がみえていた。結局、何もわからなかったのだ。考えられるなかで、最悪の結果だった。「すべてお話ししました」とメアリーは言った。しかしその話は全部作り話だった。本当のことなど一つもなかった。FBIでも嫌がることなくポリグラフ検査を受けた。やはりひっかかった。しかし証拠もなく、フィルが引き出した情報はCIAの機密情報とされている以上、FBIはメアリーを釈放するしかない。

結果を知らされたフィルには、うまくいかなかった原因がわかっていた。自分が取り調べたときは、細心の注意を払ってメアリーを「その場思考」モードに導いた。先のことを考えさせず、いまフィルが考えてほしいことだけに集中させたのである。話すかどうか決める場面でも、判断のための要因をできるだけ絞り、目の前のことだけを考えるように仕向けた。これに対してFBI捜査官の取り調べは対照的だった。メアリーはさまざまな要因を考え合わせ、フィルのときとはまったく別の優先順位で発言内容を決めていった。つまり、ロングスパンで考えていた。これをしゃべったら刑務所行きだ、極刑もあるかもしれない、といった不安で発言内容も大きく変わっていった。

ことの展開は明らかにできないが、後日談をお話ししよう。取り調べが続いたある日、フィルが家にいると電話が鳴った。CIA治安維持局からだった。

「メアリー・スミスという名前の女性をご存じですか?」

「ええ、知っていますが」

「少し前に連絡があり、そちらでポリグラフ検査を受けていましたと言うのでね。今日の午後、帰る前にトイレで貴重品を忘れてきたそうなんですよ。あなたに言って、返却許可をもらってほしいと」

職員の説明によると、忘れてきたのは大きな鞄で、中を見たら宝石が詰まっていたという。「とにかくものすごく貴重なものも混じっているので、仕事中は金庫に入れていたんだそうです」

フィルはビル・コタピッシュに連絡を取り、詳細を伝えた。この宝石は全部でないにせよ大半は「ドンファン」からもらったものだろう、だからいまになって隠そうとしたのだ、と二人の意見は一致した。しかし隠す必要はなかった。ＣＩＡ法務顧問局は「ＣＩＡには没収する権利がない」と判断した。宝石はメアリーのもとに返却された。

このままでは痛い失敗例になったかもしれないが、フィルは違った。このケースを通じて、フィルは大事な学びを得たのである。自身にとってもＣＩＡの職員たちにとっても、ここで学んだことがじつは何年もの間おおいに役立った。私たちが取り調べにおいて「その場思考」モードを生かして実践できているのも、この学びによるところが大きい。

「その場思考」の効果は絶大で、じつはいろいろな場で用いられている。たとえば、ふだんあたりまえのように目にしている「インフォマーシャル」もその一例と考えられる。

たいていの人はおなじみだろう。袖つき毛布やトレーニング用ウェイトといった、まったく必要と思えないような商品をしつこく売り込む、熱心で潔いほど安っぽい通販番組のことだ。インフォマーシャルでなぜあのトークが効果を上げるのか。番組を見た多くの人が受話器をとり、トイレで使う小さなパット練習用グリーンをつい注文してしまうのはなぜなのか。答えはマーケティング担当者が視聴者の意思決定プロセスをたくみに操って、目の前のことだけに集中させ、ほしくもない商品を買いたくなるように仕向けているからだ。

マーケティング担当者は四つのポイントを活用して、「その場思考」に相手を誘い込んでいく。その四つとは、「言いなりになりやすい状況を作る」「くり返してその気にさせる」「こちらのペースに巻き込む」「すぐに結果がわからないようにする」である。それぞれのはたらきを見てみよう。

言いなりになりやすい状況

そもそもインフォマーシャルは情報が一方通行であり、視聴者には不利にできている。出演者に質問をしたり、「それは本当ですか」と疑問を呈したりすることができず、番組のメッセージだけを頼りに、買うかどうするか決定せざるをえない。

くり返しの効果

同じことを何度も聞けば聞くほど、本当だと受け入れやすい、少なくとも受け入れる可能性が高まる。これは心理学において自明の理だ。インフォマーシャルは、さまざまな状況で、さまざまな人物が商品を使用している場面を見せ、くり返し視覚に訴えるという特徴がある。

つい／たまたま――こちらのペースに巻き込む

聞いたこともない商品を買うために通販番組を見よう、と思ってわざわざテレビをつけるなどという人はいないだろう。インフォマーシャルを見るという行為自体、自分の意思で選んだわけではない。

まずは～――結果を考えさせない

番組では「さあ、小切手帳を出して」「クレジットカードをご用意ください」などと言わない。「まずはお電話ください」。これだけだ。電話くらいならしてもいいか……しかも「いまから一〇分以内に」電話をしたら、もう一個くれるとは！　これはお得！

つまり、こういうことだ。たとえば角質除去ブラシを埋め込んだビニールサンダルをほしくない理由がどれだけあったとしても、インフォマーシャルは買いたくなる理由をその何倍も見せつける。商品のマーケティング担当者は、知恵をつくして視聴者の「買わない理由」を忘れさせようとする。忘れないまでも、優先順位を入れ替え、買ってもいいかなと思う理由が上位にくるように仕向ける。そうして気がついたら、あなたのクローゼットに新しいおしゃれな角質除去サンダルがおさまっている、というわけだ。

四つのポイントをうまく活用すれば、相手を動かし、こちらが望むような行動をさせることができる。相手がこだわっている事柄を忘れさせ、こちらに都合のよいように考えさせることも、こちらの思惑どおりに優先順位を入れ替えることもできる。これが「その場思考」モードである。どんな取り調べであっても、まさに同じ原理が活用されている。テロリストに爆破計画の詳細をしゃべらせることが目的であれ、連続殺人犯に殺人を自白させることが目的であれ。また、就職希望者にドラッグがらみの不都合な過去を話させたいときにも応用できる。子どもに宿題をしていないことを認めさせる場面でも役立つはずだ。

「その場思考」モードに導く四つのポイント

- いいなりになりやすい状況を作る
- くり返してその気にさせる
- つい／たまたま——こちらのペースに巻き込む
- まずは～——結果を考えさせない

2 最良のシナリオか最悪のシナリオか

The Best-Case/Worst-Case Continuum

善良であるより幸運なほうがいい、といわれる。たぶんそうだろう。

フィルの前でメアリーが「外国のスパイと関係をもっていた」と爆弾発言をした瞬間、すべてが変わった。フィルが直面する状況は緊急の重大問題となった。海外の勤務地で、メアリーのポジションを考えると、もし敵国に知られたら現地における合衆国の利益に大きなダメージとなるような情報もあったはずだ。合衆国に忠誠をつくす人の命が危険にさらされかねない。メアリーが機密情報をドンファンに漏らしていたならば、何を話したのか。それを探ることこそ、何よりも重要である。フィルはさっそくその問題にとりかかった。

自白しているメアリーに、敵に対するような態度で厳しく臨めば、おそらく自身を守ろうとして口を閉ざすだろう。情報を引き出すことは難しい。フィルはそのことをよく知っていた。とにかく重大な問題である。メアリーは親しくなった男に、機密情報をうっかり漏らしてしまったかもしれない。本当のことを話してもらう必要があった。

前章のくり返しになるが、フィルはこう言っている。

「誤解しないでください。あなたがスパイだと言っているのではありません。彼に全部差し出したというわけではないですよね。もしベッドで何か話したなら、何を話したか教えてください。それでこの問題は片付きますよ」

メアリーの返事を覚えているだろうか。「わかってないのね。全部よ」。天の配剤といおうか、幸運といおうか。いずれにせよ、フィルはとにかくついていた。同じ場面が破滅的な結末になった可能性もあったのだ。

メアリーがもしフィルの言葉を正面から受けとめ、冷静に対応していたらどうなっていただろう。実際とは違い、こんなふうになっていたのではないか。

「言われて思い返してみたんだけど、ワインを飲みながらベッドにいたとき、話なんかしたかしら。ごく普通に、仕事の話をすることはあったわ。最近ものすごく忙しくてとか、今日は仕事が長引きそうとか。でも大事なことを話したかっていえば、そんなことはないと思う。問題になるようなことは何も話していないはずよ」

もちろん最終的には同じゴールにたどり着き、ドンファンと通じていたことをメアリーに認めさせることもできたかもしれないが、ダメだった可能性もある。彼なりにベストを尽くしたのにうまくいかなかった場合、理由は火を見るより明らかだ。肝心なところで狙いが低すぎたのである。起狙いをどこに置くか。それには、メアリーが何をしたのかを、幅をもって考える必要がある。

こりうるシナリオをずらりと並べた帯、スペクトルを想像してほしい。一方の端は最良のシナリオ、もう一方の端は最悪のシナリオである。メアリーの場合、最良のシナリオとはおそらく、軽はずみに重大な行動をして、外国のスパイと知りながら関係をもち、ＣＩＡの信頼をたがえたが、機密情報は漏らしていない、ということになろう。最悪のシナリオは、外国のスパイ機関に雇われていて、実際、合衆国を陥れるようなスパイ行為にかかわっていたというものだ。

メアリーがドンファンとの関係を告白したとき、フィルは、寂しさゆえの気持ちにひきずられ、理性をなくしただけだろうと思った。男女の仲になるのはどうみても判断ミスだが、悪意があったわけではあるまい。それでも、ベッドの中という状況では警戒心が薄れ、口が軽くなる。深刻な問題に発展する可能性もある。メアリーがベッドでドンファンに話した内容を引き出すことが先決だ。

フィルは十分な証拠もないまま「最良のシナリオ」に近いだろうと思っていた。この読み違いが「ベッドでの話」の質問につながった。

メアリーの告白で、実際には最良〜最悪のスペクトルのどこだったかが明らかになった。ふたを開けてみたら、予想のちょうど反対側にいた。フィルはとんでもない勘違いをしていたのだ。

もう二度とこんなミスはしない。彼はそう誓った。

約一年後、フィルは海外の赴任地でケース・ファイルを丹念に見直していた。数名の外国人協力者（スパイとして活動するために雇われている）に面談をおこなって安全性を確認するため、某地域に派遣されていた。これは型どおりの手続きのようなもので、スパイ活動に携わっている外国人協力者はみな定期的に受けることになっている。ＣＩＡ職員が定期的に人物検査を受けるのと同じである。いまフィルが見ているのは、外国人協力者オマール（仮名）のファイルだった。オマールは二〇年以上もＣＩＡのために働いており、非常に有能でもあって信頼を得ていた。経歴・実績とも非の打ちどころもなかった。これまで世界各地の外国人協力者のファイルを見てきたが、オマールはずば抜けている。ことさらに重用されるのもしごく当然のように思えた。そのうえ、前回までの面談でもとくに気にすべき事柄は出ていない。フィルはファイルを閉じ、面談に出かけた。楽勝だ。どこもひっかかりようがない。せいぜい二時間くらいか。それが終わったら、同僚と夕食に行く予定にしていた。

向かったのは市街地の高層ホテルだった。上階のスイートルームが面接用に準備されていた。オマールが現れると、フィルの同僚は計画どおり、外部との連絡手段がないことを確認した。張り込まれている形跡もない。フィルは親しみをこめた握手でオマールを迎え、挨拶をかわした。さいわいオマールの英語はわかりやすく、通訳は不要だった。通訳なしですむのはありがたい。第三者を介しての面談はもちろん可能だが――実際におこなっている――次善の策に過ぎない。英語を話せない人物との面談で、こちらの質問に本人は長々と非難めいたことを答えているのに、通訳が「いえ、とくにありません」だけで済ませてしまう、といったことはしょっちゅうだ。何が通訳されなかったのか判断のしようがない。

フィルとオマールはスイートルームのソファにゆったりと腰を下ろした。フィルはさっそく仕事に取りかかった。用意された定番質問の内容を几帳面に訊いていく。予想どおり、特に何の問題もなく面談は進んだ。次は「外国の諜報機関と通じていたか」という質問だ。

「長年、われわれのために頑張ってくれているね。ほかの人のために仕事をしたことはありますか？」

一瞬、間があった。オマールは座り直し、考えをまとめているようだ。やっと口を開くと、こう尋ねた。「祈ってもいいですか？」

沈黙。「祈ってもいいですか」って？　いったい何のつもりだ？　あわてて、この問いの意味を理解しようとした。しかし当惑を気取られてはならない。

「もちろん、どうぞ」

フィルは面談には「祈りの時間」がつきものであるかのように、あっさり応じた。カトリック教徒の家で育ったため、自然と敬虔な気分になる。頭を垂れたが、目はしっかりとオマールを追っていた。同じように頭を垂れて祈るのかと思ったが、そうではなかった。オマールは立ち上がると洗面所に入っていった。

しばらくして、オマールはタオルを手に出てきた。ソファ側の窓に向かって歩いてくる。せっかちな人なら「ふざけている」と思っただろう。この行動にどんな意味があるのか一生懸命考えたが、答えは見つからなかった。

いったい何をするつもりなのか？　心臓が早鐘のように打った。タオルで誰かにサインを送ろうというのか？　いったい……。

オマールはタオルを広げた。窓の外を眺める。フィルははっとした。そうだ、オマールはイスラム教徒だった。メッカに向かって祈るため、方角を確認しているのだ。タオルを床に広げ、ひざまずいた。静かな祈りは一〇分ほど続き、やがてオマールは立ち上がった。ソファに戻ると、礼を言った。

「いや。質問に戻っていいかい？」

オマールはうなずいた。

「じゃ続けるよ。これまでアメリカ以外の国の諜報機関に通じていたことがありますか？」

フィルは先ほどと同じようにリラックスした調子で、やや声を抑えて尋ねた。

オマールはフィルを見た。また、何か考えているようだ。足をもぞもぞ動かしている。額には汗が光っていた。

「なぜそんなことを訊くんです？　何か問題でも？」

英語で「裏の意味」のある言葉といえば、interrogation（取り調べ）がそうだ。この言葉はいやな気持ちをかきたて、不安にさせる。無理もない。一般的に用いられる場面では、言葉による虐待や身体的暴力がどうしても連想されてしまう。苛酷で、威圧的で、脅迫にも近いイメージ。したがって、この言葉を用いるならば、修飾語句をつけて、どういう意味で使っているのかをはっきりさせる必要がある。人から理解されやすいのは「非強制的」という修飾語句である。もう一点、elicitation（引き出し）という言葉で interrogation を言い換えることもできる。ところが、それはそれとして、一つ問題がある。どう呼ぶかはともかく、それは何なのか。

答えはかなり単純である。人を動かし、あるいは説得して、相手が何としても隠したい情報を明らかにするよう組み立てられたプロセス、ということになる。では interrogation（取り調べ）と interviewing（インタビュー）はどう違うのか。インタビューも相手が話したがらない情報を集める方法である。しかしこちらの場合、相手は絶対に話したくない、とは思っていない。もう一つ、明確な違いではないけれども、これはどうだろう。一見して違和感をもたれそうだが、interrogation とは、「モノローグ」*である。

「面談」と「取り調べ」は明らかに違うとはいえ、「面談モード」から「取り調べモード」への切り替えは相手に気づかれないように、ごく自然にすることが重要だ。実のところ、オマールはモードが切り替わったことに気づかなかった。

オマールがひざまずいて祈った直後、「他国の諜報機関に通じていたか」という質問をくり返すときまで、フィルは「面談」モードにいた。オマールが隠さなければならない秘密を抱えているとは、そのときまで思いもしなかった。しかし、この答えを聞いた瞬間、モードが切り替わった。

「なぜそんなことを訊くんです？　何か問題でも？」

すなわち、差しさわりがあるということだ。何かひっかかることがあるのだろう。それが何かを探らなければならない。最良のシナリオは何で、最悪のシナリオは何か、考えてみた。

フィルが見るに、最良のシナリオとは、オマールが何かさほど深刻でないことをふと思いついたということか。たとえば、自分に近づいてきた人間が外国の諜報機関に通じているらしいが、それをＣＩＡに報告していなかった、とか。外国諜報機関とつながりのある友人・親戚のいることを黙っていた、とか。最悪のシナリオは結果を思うと身の毛がよだつ。オマールは二重スパイで、反米組織のスパイとして活動している、ということだ。

オマールの場合は最良〜最悪のどのあたりだろう。知っている事実をあわせ考え、フィルは判断を下そうとした。オマールは二〇年間外国人協力者として評価されている。だからこそ、フィルの国内にいる同僚も主要スパイ活動をおこなう際に、彼にかなり頼ってきた。しかも何年にもわたり、同じような人物調査のための面接を定期的に受けてきており、何の問題も上がってきていなかった。当然、最良のシナリオとみていいはずだ。間違うはずがない。

たぶん思っているとおりだ。しかしホテルのスイートでオマールを見、反応を反芻しているうちに、頭の中にメアリーに煮え湯を飲まされた一件が突然よみがえってきた。

二度と同じ失敗はするまい。

「まだ話してくれていないことがあるだろう。その話を聞かせてほしい」

フィルは声を荒げることなく、落ち着いた調子で言った。オマールは黙っていた。

「きみはこれまでわれわれのために忠誠をつくしてくれた。知らない人はいない。みな、きみのことを話題にするときは、心から素晴らしいとほめそやす。何年もの間、本当にどれだけ助かったことか。きみのことを家族同様に信頼している、と言う人もいる。家族同様に、だ。きみ以外はいないよ、ここまで信頼されている人は。僕もきみのことを信頼している。誠実に取り組んでくれている、と十分わかっている。そのことは誤解しないでほしい。しかしね、そんなつもりじゃなかった、ということも時には起こる。起こってしまうんだよ。誰にだってね。人生はそんなものだ。みんなもそれを知っている。きみは善人だが、どんな善人も例外じゃない。だから、きみが何を気にしているにせよ、ここで話してほしい。もやもやしていることは解決して、次に進もうじゃないか。大事な仕事がたくさんあるのだから、誰のせいと責めてもしかたがないことにかかずらわっている余裕はないよ。話そうかどうしようか迷っているんだろう？　何のことだい？」

このときまでに、面談は始まってからすでに二時間がたっていた。フィルは気短になることもなかった。オマールは遠くを見つめた。何か思い出そうとしているのか。否定するというよりは、思い出せない、とでもいうように、首を振ってフィルを見た。

「いや、知りません……」

深く考え込んでいるような声だ。「外国の諜報機関と通じている人間なんか知りません」。

これは聞き捨てならない反応だった。答えの中で、みずから特定している。フィルは「外国の諜報機関と通じている人を知っているか」と訊いたわけではない。ただ「何を話そうかどうしようか迷っているのか」と訊いただけだ。聞き捨てならない。掘り下げなければ。

「そうか」

フィルは言った。オマールは考え込むような表情で、まだ首を振っている。

次の瞬間だった。オマールはミスを犯した。気づかぬうちに、うっかり本音を漏らしてしまったのだ。

「知らないんです」

オマールはきっぱりした口調で言った。「メナシア国の人間なんか知りません」（著者注：事の重大性を考え、国名は明らかにできない。ここでは「メナシア」国と仮名を用いることにする)。

やっぱり。フィルはうれしさと不安でいっぱいになった。うれしいというのは、大きく真実に近づけたことがわかったからだ。他方、不安というのは、この真実が恐ろしい展開の前触れに思えたからだった。オマールのいまの言葉は、いわゆる「意図せざるメッセージ」つまり、「嘘に潜む真実」とでも呼べるものだ。フィルはこういう例を何度も見てきた。隠し事があると、本人も気づかないうちにわざわざ嘘がばれるようなことを言ってしまう。今回、オマールが口にしたのは衝撃の事実だった。長きにわたり、この信頼厚い協力者は最低でもメナシア国につながりをもっていたのだ。

フィルは動揺しなかった。先ほどとは少しだけ変えてモノローグを再開した。「何か話しておかなければならないことがある」という一般的なアプローチよりはトピックを狭めていく。

「わかるよ。この仕事についていれば、それはいろんな事情でいろんな国の人たちと会うわけだから、いつ誰に会ったと記録しようにもきりがない。僕だって同じさ。今週妻の友だちに会うといって、翌週妻がその友だちの話をしても、僕は誰のことかさっぱり覚えていないなんてこともよくある。自慢することじゃないが、こういう仕事で僕たちがどれくらい多くの人に会っているか、妻にはわからないからね」

オマールは自分の妻のことでも考えているのか、楽しそうにうなずいた。フィルは続けた。

「メナシアの人にも会ったし、中国人にも会った。世界各国の人と会ったことがある。この仕事にいると、それがあたりまえだ。きみの場合もそうだろう。だから、あるときメナシアの人間に会ったとして、問題があるとは思えない。オマール、隠していることは明らかにしてほしい。そうすれば全部規則どおりにやればいいし、誤解もなくなるからね」

真意は伝わった。ほんのしばらく、フィルは間を置き、相手がここまでどう考えているかを探った。オマールの頭の中は、いまこの場所にはなかった。よみがえる記憶。たしかに、メナシア国の人間に会った。かなり昔のこと——おそらく二〇年以上も前に。オマールもわかっていたのだ。件のメナシア人が自国の諜報機関にいたことを。そしてオマールを引き込もうとしていたことも。そしてオマールが明らかにしたのはとどめの一撃だった。「メナシア人の誘いを断れなかったんです」。

はじめフィルは、まるで「二〇年前にベジタリアンになると誓ったのに、以来ずっとチーズバーガーを食べていました」と言われたかのように思った。オマールの告白が続くうちに、事態は最悪のシナリオより悪いことがわかってきた。彼は何年も前から、メナシア国の諜報機関で特殊なミッションを与えられて活動していたのだ。そのミッションとは、そう、ＣＩＡに対する二重スパイである。

フィルのモノローグはさらにピンポイントに深掘りしていく。オマールがどのようなミッションを受けていたのか、何をメナシアの諜報機関に伝えたのかをできるだけ探らなければならない。面談が始まったときのような落ち着いた様子で話を続けた。

「いいかい、オマール。歴史は変えられない。歴史というのはそういうものだ。だからメナシアの人間から何を指示されたにせよ、やったものは取り消せない。それは変えられないし、僕にも変えられないことだ。この事態を何とかするには、いまからどうすべきかを考えることしかない。どういう行動をとればよいか考えることだ」

オマールは素直に従った。やっと胸のつかえを下ろすことができる、とでもいうように、メナシアの諜報機関の命を受けておこなったスパイ活動の詳細をすらすらと話しはじめた。なかには不穏な話もあった。

オマールは現地で活動するCIAの「コモ」オフィサー二名にうまく接近していた。コモ・オフィサーというのは現在でいうシステム管理者と考えていただければ、事の重大さがわかるだろう。システム管理者といえば、国家安全保障局（NSA）のメンバーでありながら機密情報とされる対テロ活動の詳細を堂々と明らかにした、あのエドワード・スノーデンのポジションである。システム管理者もそうだが、コモ・オフィサーも現地に蓄積され送受信される全情報を知ることができる。

二名のコモ・オフィサーは市内の一軒家をシェアして住んでいた。ここでオマールは作戦勝ちをおさめた。家で働くお手伝いを味方に引き入れたのだ。コモ・オフィサーの自宅に目と耳を仕込んだとなれば、メナシア側の管理者（ハンドラー）もさぞ笑いがとまらなかったことだろうが、合衆国にとって幸いなことに、この状況は一か月も続かなかった。味方にしたお手伝いがもっと待遇のいい職を見つけたのだ。同市内にある他国のミッションをおびたスパイの自宅で働くとのことだが、それはメナシアとはまったく無関係の国だった。これを聞いて、メナシア側のハンドラー（もとウエイトリフティングの選手だった）は怒り、オマールに殴りかかった。それほど深刻なことだとは、オ

取り調べ（inerrogation）／情報を引き出す（elicitation）

人を揺さぶり、あるいは説き伏せて、本人が隠しておきたい情報を提供させるべく練られたプロセス

マールは思い至らなかった。

「馬鹿者が！」

怒りで震えながらハンドラーはわめきちらした。「あの連中さえ握っていれば！」

オマールの告白は夜じゅう続いた。夜明けが近づいていた。口調はふだんのままなのに、とても現実とは思えない話がくり出される。夏の休暇の話でもするような、さばさばした話しぶりだった。フィルの思惑どおり、オマールは「その場思考」モード、つまり、目の前のことだけに集中していた。フィルがそう仕向けたのである。

すべてが終わったとき、フィルは窓の外を見た。オマールがあのタオルを手に入ってきたのが、ずいぶん前のことのような気がした。この数時間、嵐のような展開があった。まだ完全に興奮が冷めたわけではなく、疲れは感じなかった。とはいえ、夕食を食べ損ねてしまった。まず食事だ。フィルは立ち上がった。

●相手に気づかれずに「面談」モードから「取り調べ」モードに切り替える。
●声を荒げず、落ち着いた調子で。
●目の前のことだけに集中させる。

3「取り調べ」モードにスイッチを入れるとき

Transitioning to Interrogation Mode: The DOC and the DOG

「完璧な侵入強盗」とはどういうものか、考えてみてほしい。見破られずに目標のビルに入り、盗みをはたらき、また誰にも知られずにこっそり出て行く。こうなるだろう。

オマールの場合を強盗と置き換えてみると、まさに成功する一歩手前にいた。入ってきたときは誰もわからなかった。何年も何年も情報を盗み取り、それでも気づかれることはなかった。しかし、あのホテルのスイートルームでフィルの面談を受けた日、ミッションは失敗した。門を出て行く前に、正体がばれてしまったからだ。

フィルとオマールは複雑な心理的対決の場面にいた。フィルはオマールにどう口を割らせるか考えていた。オマールもフィルの出方を考えていた。フィルはこれまで何度となく同じような場面を経験してきた。相手がどんな手を用いるかは織り込み済みだ。立ちはだかるのはオマールが嘘をつき通そうとする頑な姿勢だった。しかもうまく隠しおおせる能力もある程度は持ち合わせているだろう。自分はきっと目的を完遂できる、という確信もそれなりにあるにちがいない。

フィルの計画は、まずオマールの自信を攻撃することから始まった。明確なメッセージを伝えるのである。「ミッションは失敗した。いままでミッションを完遂すべくやってきたことは——自分ではうまく裏口を抜けてきたと思っているだろうが——ことごとく失敗に終わっている。ここから無事に脱出することはできないのだ。遂行中、内側で捕まった。戦略を変えるしか方法はない」と。

フィルとオマールは互いに助け合う立場にいた。フィルはオマールの情報と協力を必要としている。一方、いままでのプランが頓挫したオマールには別のプランが必要だ。オマールの防衛本能を呼び覚ますことなく、新たな戦略を示してやらなければならない。しかも、その瞬間まで、フィルが面談モードを取り調べモードに切り替えたことに気づかせてはならない。この切り替えのことを、われわれは「転調セリフ*」と呼んでいる。

「転調セリフ」はモノローグの最初の一、二文である。大きく二つ挙げると「気になっていること（direct observation of consern）」式（ＤＯＣ*）、「きみがやった（direct observation of guilt）」式（ＤＯＧ*）だが、中間のいろいろなバリエーションもある。

確信の度合いのスペクトルで一方の端にあるのが「気になっていること」式のセリフ（ＤＯＣ）である。たとえば薬店の店長が店員から「鎮痛剤が数十錠なくなっています」と知らされたとする。薬剤師ジャン（仮名）に話を聞く。どうやら何か隠していることがあるようだ。彼女の様子——話の辻褄が合わないとか、はぐらかすとか——を見て、そろそろ取り調べモードに入る。この時点で、ジャンに疑いがあるわけだが、それでもまだわからないことがいろいろ残っている。そこでＤＯＣ

を伝えるのだ。たとえばこんなふうに。

「ジャン、協力してくれて助かるよ。ありがとう。ただ、きみの話はところどころおかしな点があるんだ。そこを話してくれないかな」

直接話をして、調剤記録やタイムカードを見直してみれば、いくら本人が否定しようと鎮痛剤を盗み出すことができたのはジャンしかいない。確信の度合いは高まる。転調セリフは次のように「きみがやった」式（DOG）になる。

「いいかい。ここで話をしたこと、われわれが調べたこと、いろいろと集めた事実から考えて、鎮痛剤を取った（took）のはきみだろう」

先述したように、転調セリフは確信の度合いに応じていくらでもバリエーションがある。どこからどう見てもジャンが取ったにちがいないが、それでも、そうではないかもしれない可能性が残る場合は、こんなふうになるだろう。

「何が起こったかはわかった。誰がそれをしたかもわかった。しかし、なぜそんなことになったのかがわからないんだ。その話をさせてほしい」

ジャンには通じた。ばれてしまったのだ、とわかった。しかし直接言葉にしたわけではなく、もし必要があれば後戻りすることもできる。この三つのケースで、使っている言葉は違うが、話し方はどれも同じであることに注目してほしい。穏やかに、やわらかい調子で、ゆったりと話す、ということだ。状況の性格上、敵対しやすい関係にあるとはいえ、話し方によって空気はまったく異なる。

3 「取り調べ」モードにスイッチを入れるとき

もう一つ大事なことがある。メッセージを伝えるための言葉はよく選ばなければならない。右に挙げた「きみがやった」式（DOG）では「取り調べ」ではなく「調査」、「盗んだ」のでなく「取った」と言っている。こうした微妙な言葉づかいで、「これを言ったらどうなるだろう」と先のことを考えないでいられるのだ。クビになるとか、懲役刑になるとか、先々の結果を気にさせないような言葉を用いるのは重要なことである。

店長の目をかすめてだまし取ってきたことがばれてしまった、とジャン本人にわからせ、なおかつメッセージそのものが直接的でないため防衛本能が目覚めることなく敵対関係にもならない。これが「転調セリフ」のいいところだ。いまジャンはこんなことを考えている。いままでやってきたことが失敗に終わったならばこれからどうしたらいい？　どうやったら乗り切れる？　少し何か言ったほうがいいのか？　誰かほかの人のせいにする？　プランを練り直そうとして、どうしたものか考えているのだ。そこで、ほかに考えるべきことがある、と彼女に示してやる。これまで一生懸命考えてきたことが目の前でひっくり返ってしまったから、ここで考えるべきことを示せば、おそらくほっとするはずだ。穏やかに、やわらかく、ゆったりとした話し方なら、なおのことである。

そういうわけで、隠したいことを話させる手段として、毛を逆立てて暴言をはくスタイルの取り調べは根本的にまったく逆効果なのだ。相手に何を考えればよいかを示してやる。それでいい。出方次第で、相手は戦線を張り、こちらを敵だとみなし、徹底抗戦に入るだろう。口を割らせることはどんどん難しくなっていく。

そのうえ、隠し事をしている人は自分のことを訊かれるのを嫌い、相手を話題にしようとする。

こちらは話題をそらす格好のターゲットなのだから、もし攻撃的になって相手に暴言を吐いたりしたら、相手はそれを都合よく利用するだろう。たとえば「なぜそんなひどいことを言うんです？」と切り返し、それ以上は口を割らない。反面、もし落ち着いて、やわらかな話し方をすれば、相手につけ込む隙を与えることなく、その場を掌握していられる。

フィルとオマールの場面に戻ろう。展開を決めた質問は「ほかの諜報機関で働いたことがありますか」だったが、これは実際のところかなり幅が広い。したがって、オマールが何か隠しているような態度を見せたとき、フィルは別の問いを突き付けられていた。つまり、オマールはこの質問のどの部分に反応しているのだろうか。

可能性を絞っていくうちに、往々にして「何が問題なのか」を考えはじめる。最良〜最悪のシナリオのスペクトルのどこにいま問題があるのかを突き詰めようと、ついいろいろな質問をしたくなる。しかしこれがじつは危険なのだ。メアリーに対する面談で痛い思いをしたように、取り調べモードに入る前に何か狙いすぎると裏目に出て、大失敗をしかねない。面談の間、われわれは相手の振る舞いから何を隠したいのかを探っていく。そして最良〜最悪のシナリオの間のどのあたりなのか、可能性の範囲を狭めていく。実際にいまの問題がどこにあるかは、取り調べを進めてみないとわからない。

取り調べモードに移行する重大な瞬間が来た、と感じたフィルは「気になっていること」式で転調セリフを述べた。このときはまだ可能性は広く残している。

「オマール、隠していることがあるね。その話をしてくれないか」

オマールの息子が他国の諜報機関にコネをもつ不良とつき合っている、というような話なのか、オマール自身がメナシア国の指示で反米スパイとして活動しているということなのか、この段階ではまだわからない。いまのセリフには両方の可能性が含まれていた。オマールの輝かしい実績から考え、フィルは最良のシナリオを想像していたはずだ。それでも、きちんと定石に従ったおかげで、最良のシナリオと最悪のシナリオの両方にまたがるスペクトルを視野に入れて取り調べをおこなうことができた。

定石に従うと、確認する手がかりも増える。フィルが「話していないことが何かある」と言ったとき、「何か」という漠然とした言葉ながら、オマールは秘密にしていることを思い浮かべるに違いない。だから、次にオマールが口を開いたとき、フィルは問題を特定できる。あるいは少なくとも、問題が最良と最悪のスペクトルのどのあたりにあるのか判断材料を集めることはできるだろう。

もう一つ重要なことがある。オマールの反応は質問そのものと合っていなかったかもしれない。つまり、たとえばもしオマールが潔白であったら、「他の諜報機関で働いたことがあるか」という問いに対して見せた、隠すような態度はさほど重要ではない。敵国らしき人間が近づいてきたことを言いそびれた、という程度のことだ。シナリオのスペクトルをはじめから狭めず、すべてを視野に入れて取り調べれば、それも認めさせることができる。もしさほど重大なことでないとわかったら、フィルはこんなふうに言うだろう。

「ありがとう。話してくれてうれしいよ。そのことはたいしたことじゃない。解決できる」

オマールがたとえ混乱していても、公正かつ敬意をもって扱われていることがわかり、合衆国への忠誠と献身はいっそう強まる。この大事な協力者との関係は堅いまま、ダメージは受けなかった。このことがどんなに大事かは10章で詳しく述べる。

「転調セリフ」は取り調べの中でも格別に愉しい。にわかに、真実を得る瞬間が迫ったのだ。どう言おうかとセリフを練るのはわくわくする。ずばり言うにせよ、暗示するにせよ、「悪事を働いたことを知っている」と相手に初めて伝える瞬間なのだ。大事なのは転調セリフに対する相手の反応である。今後どの程度の抵抗を示すかがわかるからだ。行動分析の視点からいうと、転調セリフへの相手の反応をみれば、嘘を言っているかどうか確信が強まる。たとえば、もし「調べましたが、それによると、あなたは何かしらかかわっていることになるんですよ」という転調セリフに対して相手が黙ったまま、あるいは「気になっていることなんて思いつきません」と言うなら、取り調べはうまくいっている。「訊かれて困ることは何もない」とはっきり言えないということは、何かがあるのだ。しかし相手に話してくれとは言っていない。モノローグによって、相手に話すよう促すのである。

一見したところ、「気になっていること」式（DOC）も「きみがやった」式（DOG）も機械的で簡単に身につくと思えるかもしれないが、それはまったく違う。転調セリフは、モノローグの最初に現れる準備されたセリフという意味でどこか型にはまった感じがあるが、言葉の選び方しだいで心理戦の展開が変わる。その後の取り調べの基調や成果も、転調セリフの巧みさで決まるのである。

どれほど相手を強く責めるかは場合による。たとえば「われわれの調べでは、金を盗ったのはきみだ」という転調セリフがあるとする。このセリフは「きみがやった」式の極限にある。相手は否定しようとするだろうから、逆効果になりかねない。それこそ聞きたいことだが、取り調べの状況では避けたい。すでに一つ、乗り越えるべきハードルがある。相手に真実を言わせるということだ。もし彼に「違う」と言わせてしまったら、もう一つ、これまた難しいハードルが出現したことになる。自分が嘘つきであることを認めさせるということだ。この場合は、うまくいかず焦燥と悩みの穴にはまりかねない。真実を得ることはさらに難しくなる。

「調べによると、明らかにきみがやった」というセリフが決して適切でないということではない。これが最も適切なこともある。大事なのは、転調セリフの強さを決める際に、たとえば確信の度合い、取り調べられている問題の深刻さ、政治的力学、経験知といったさまざまな要因を広く考え合わせるということだ。転調セリフは非常に微妙である。ストックをたくさん用意しておき、取り調べの状況に応じて選ぶのがよいだろう。

転調セリフの例

「気になっていること」式（DOC）から「きみがやった」式（DOG）へ段階に合わせて〈軟〉から〈硬〉順に並べてみることにする。

・何か考えているようですね
・何か考えているでしょう?
・~の話で、何か気になることがあるようですが
・~という話をされましたが、不確かなように見受けられます
・~についてお聞きすると、何か不安そうですね
・あなたのお答えは、ちょっと不自然な気がします
・あなたのお話には何かひっかかるんです
・これまでのやりとりから考えて、何かもっと別の話があるように思えますが
・お答えを考えなおしたほうがいいのではないかと思いますよ
・あなたの話にはいくつか妙なところがあるんですが
・調べさせてもらいました。率直に言って、あなたを容疑者リストから外すことができないんですよ
・調べたことから、あなたは何らかの形でこの問題にかかわっているという結論になります
・調べた結果、あなたが~なのは明らかです
・誰が何をしたかはわかっています。ただ、なぜそんなことをしたのかを知りたいんです

●つねに穏やかに、柔らかい調子で、ゆったりと話す。
●言葉を慎重に選び、相手の防衛本能を目覚めさせない。
●どれほど相手を強く責めるかは場合による。「違う」と言わせない工夫を考える。

4 モノローグで真実を引き出す

（著者注：本章では、ことのほか慎重な取り扱いを必要とするエピソードを取り上げる。国を特定するわけにいかないので、「フォーランド」という仮の国名を用いる。）

以前、外国の美しい街でワールドカップが開催されたときのことだ。リー（仮名）という頑丈で眼鏡をかけた若者がはりきって仕事をしていた。フォーランド研究が専門でフォーランド語にもたけていたため、フォーランドチームの通訳として指名されたのである。ワールドカップの間じゅう、二四時間休みなく呼び出されるきつい仕事だったが、リーにとっては何の問題もなかった。このような晴れがましい場で自分のスキルを用いるチャンスがうれしく、またフォーランド人とつき合っていることが単純に楽しかった。サッカー選手や関係者たちと過ごす時間は、リーにとって現地を訪問することに匹敵する集中トレーニングにほかならなかった。

フォーランド関係者のなかにフォーランド諜報機関（ＦＩＳ）のスパイが混じっていたのは驚くべきではない。スパイの一人はオットー（仮名）といい、特にリーと親しかった。オットーとリーは家族のことや今後の進路などをよく話していた。ある晩、チームの宿舎を出るとき、オットーは

「フォーランド研究をどう進めていくつもりなんだい」とリーに尋ねた。リーは「大学院で勉強したいと思っているんだ。アメリカの大学かフォーランドの大学かで迷っているところだ」と答えた。フォーランドで外国人が勉強するのは難しいため、リーは結局アメリカの大学を選んだ。フォーランド研究で評価の高い名門大学の大学院に入ると、同じく大学院生ネイト（仮名）と出会い、あっというまに親しくなった。大学院を修了後、二人は別々のキャリアに進んだ。リーは故国に帰り、フォーランド研究者・専門家として職を得た。ネイトはCIAのケースオフィサーとなった。

何年か経ち、ネイトとリーは少なくともクリスマスなどにカードをやりとりする程度には連絡をとり合っていた。たまたまそのころ、ネイトはリーの故国に異動になり、二人のつき合いが再開した。リーの「研究者」というポジションは、合衆国政府にとって非常に重要な情報を入手できる、とネイトは知った。二人のつながりはじつは諜報機関として価値が高いのではないか、とも思ったものの、リーとの友情に傷をつけるようなことはしたくない。しかし最終的に、「CIAの外国人協力者にならないか」と持ちかけることに決めた。リーから前向きな答えをもらうと、ネイトは諜報機関として大きなプラスになると喜び、同時に友情が保たれたことにほっとした。

リーをCIAに引き入れる時が来て、入念な人物検査が始まった。フィルはリーの故国に飛んだ。リーが協力者として信頼に足るかどうか（経歴などにやましいところがないかを）調べるのはフィルの役目だった。

ネイトが手筈を整え、首都にあるホテルの指定されたスイートルームにリーが来ることになった。指定した時刻は夕方六時。フィルとネイトは早めに到着し、スイートルームをじっくりチェックした。リーが着いたらネイトは退出したほうがいいだろう。終わるまでずっと待っていられる場所といえば、トイレしかなかった。

「もしよければロビーに降りて待っていてくれてもいいが」とフィルは言ったが、もちろんネイトは首を振った。自分はケースオフィサーであり、リーは友人だ。この場を離れるつもりはない。せめて、何が起こっているか聞くだけでも聞いていたい。フィルは「できるだけ静かにしているように」と念を押した。もしネイトが聞いていることにリーが気づいてしまったら、本当のことは出てこない。もしリーに隠したいことがあり、それを聞きだす必要がフィルにある場合、友人が聞いているとわかれば、リーはなんとしても隠し通そうと思うだろう。そこでフィルはこう指示した。

「水を流さなければならないときは、流してもいいけれど、それ以外は静かにしてくれ」。そもそも、この仕事の鉄則だ――群衆の前で誰も告白したりしない。

リーは時間どおりに現れた。ネイトはフィルに紹介し、「いつもどおり」とでもいうような平然とした態度でトイレに下がった。

フィルとリーは席についた。面談が始まると、リーは緊張しているように見えた。とはいえ、こういう場面である程度の緊張はあたりまえだ。フィルはなぜ緊張しているのか、などと早まった結論を下そうとはしなかった。フィルの質問に対して、リーは何か隠している様子もなかった。大事なことだ。実際、すべてがうまくいっていた。次にフィルは「敵側のために働いたことがあるか」という質問に移った。

「次の質問は非常に重要なんだ。きみはわれわれのために働こうとしてくれている。これまでほかの国の諜報機関で働いたことがありますか？」

聞くまでもないと思っていた。そんなわけがない。リーは一瞬黙っていた。そして立ち上がり、「とんでもございません」と言った。そしてまた座った。頭を垂れ、床を見つめた。

冗談のつもりか？　フィルはめまいがしそうになった。研究者が、突然時計の針を戻して大学生時代に戻り、堅苦しい姿勢で校長に叱られているかのようだ。いったい何なんだ？

いつものように、答えは最良のシナリオと最悪のシナリオの間のどこかにある。いずれにせよ、奇妙なことだ。リーとネイトは長年の友人である。フィルはこの質問にリーが気がかりな反応を見せている理由を追求しなければならない。この問いにリーが動揺しているのは間違いない。スイッチを切り替える時だ。フィルは穏やかに、安心させるような口調でモノローグを始めた。転調セリフは「気になっていること」式で始めた。

「リー、どのみち楽なインタビューではないし、なかには個人的なことも訊いている。しかし、訊かれて何かひっかかることがあるんだね。どういうことか話してほしい」

リーはうなだれたまま、かすかに前に乗り出した。何か言おうとしているようだが、口を閉ざしている。フィルは続けた。穏やかな口調のままで、厳しさや非難している様子は見えない。

「リー。この状況はいささか妙だと思う。結局のところ、きみとネイトは本当にいい友だちだ。それも昨日今日の仲じゃない。ネイトから、きみたちがここ何年かやってきたことを聞いている。彼が二人の友情をどんなに大事に思っているか、いやというほどわかったよ。彼はきみが大好きなんだ。きみの環境、もっている知識、それをより大きな善のために用いていることを、何よりも尊敬している。『われわれと一緒に働かないか』と持ちかけたのも、そもそもはそういう理由だ。きみはもし機会が与えられれば多くの人のためにたいへん貢献してくれる人だとわかっているんだよ」

リーはフィルを見上げ、また目を落とした。無言。フィルは続けた。

「さっきも話していたが、彼が唯一気にしていたのは、われわれの世界がどうなっていて、毎日どんな仕事をしているかきみは知らないんじゃないか、ということだった。何かのことで『自分は不適格だ』と思うかも、と気にしていたよ。現実ではどんなことも起こりうるからね。ネイトに言わせれば、きみはちょっと完璧主義者だとね。でもわれわれが住む世界は完璧じゃない」

トイレの中で、ネイトは必死になってフィルの低い声を聞きとろうとしていた。フィルの言葉に、彼はかあーっと頭に血がのぼった。会ってまもないというのに、取り調べをしているのか？　いったい何だっていうんだ？　フィルは始めたばかりだった。

「完璧でなければと思っている人たちとよく話をする。しかし実際にはそうならない。完璧なんかありえない。妙なことだとは思うが。ネイトは私の友人だし、もちろん彼に悪いニュースを伝えたくはない。しかしそこなんだ。悪い知らせである必要はない。そんな理由なんて何もない。きみがひっかかっていることが何であれ、それはちゃんと直せるんだよ。これは修正できる問題だ。これまでなかったことではないし、べつに驚かない。前からあったことだ。この状況でどんなことが起こったにせよ修正できなかった問題なんて一つもない。人の行動にはいろんな理由があり、なかにはコントロール不可能な理由もある。事柄の深刻さを理解していないこともあるし、問題そのものに気づかないこともある。自分がいままでどんなふうにやってきたか、振り返ったりしないものだ」

すでにフィルは反復を用いている。言いたいことすべてをくり返しているのだが、インフォマーシャルとの類似を思い出してほしい。あることをくり返し聞けば聞くほど、受け入れやすくなる。フィルは一時間の大部分を話しつづけた。リーはずっとうなだれたまま、何も言わなかった。ついに、確かめる時が来た。リーがいまどのあたりのことを考えているかを知る必要がある。リーに話すチャンスを与えなければならない。フィルは間を置いた。思いやりにあふれたメンターのような口調で尋ねた。

「リー、『ほかの諜報機関のために働いたことがありますか？』と聞いたとき、誰のことを考えていたんだい？」

一瞬の間をおいて、リーは目を上げた。なんとか答える勇気をかき集めるように、「フォーランド人です」と言った。

思ったとおりだ。よし。フィルは、やっとわかったという表情でうなずいた。

「ありがとう、それでわかった。ではその事実について考えよう。きみはずっとフォーランドの人たちとかかわってきて、理解し合いながら仕事をしてきた。じつはなんと、私もきみを責められないんだ。前からフォーランドが好きでね。あの国を旅行して、人々に会って、いろんなものを見たら、どんなに素晴らしいだろう、とよく思うよ。実際は難しいから、そうはいかないけれど。世の情勢のせいで、とにかく手続きが多すぎる」

リーは目を上げた。琴線に触れたようだ。

「政治的な立場にかかわらず、きみがフォーランドの人に惹きつけられるのはよくわかるよ。他国の諜報機関で働いたことがあるかと聞いたとき、なぜフォーランドのことを考えたのか、そのことをはっきりさせたい。話してくれ。まずそこからだ」

リーはうなずいた。「わかりました」。

短い間、考えをまとめてから、彼は話しはじめた。ワールドカップのとき、オットーに会ったこと。大学のある市に住んでいるフォーランド人の友人ホレース（仮名）をオットーに紹介されたこと。ホレースとも親しくなり、研究の話や大学での知り合いの話をするようになった。先輩研究員のリサーチ助手のポジションに応募したことも話した。合格を報告すると、ホレースはそこでの人脈に強い関心を示した。というのも、先輩研究員は合衆国の政策立案者の顧問をしていたのだ。先輩の顧問としての仕事について、ホレースはよく訊いてきた。そしリーは認めた。「先輩の政府関連の活動に関して文書を提出したことがあります」。

いま取り扱っている問題は、危険なほど最悪のシナリオに近づいている。フィルはモノローグに戻った。ここで「きみがやった」式（DOG）へ転調している。

「話してくれてありがとう、すごく助かったよ。いまここでの問題がはっきりした。諜報機関の情報収集においてきみがホレースに協力した、ということだ。問題がわかったから、解決もできる。リー、われわれの世界では、日常茶飯事だよ。これまで、母親、父親、学生、政府役人、会社幹部、ありとあらゆる立場の人たちが、まったく同じ状況にいるのを見てきた。心底いい人でもときどき深みに入ってしまう。みな『どうしてこんなことに？』って思うんだが、それはまっとうな心をもっているからだよ。つまり、こういうことだ。現実を考えよう。何年もの間きみはフォーランド人の友人に助けてもらい、サポートを受けてきた。なんとかお返しがしたいと思うのは当然だ。誰かに何かしてもらったら、お礼するのはあたりまえさ。本当にあたりまえのことなんだよ。わかるよ、ネイトもわかるし、みなそれはわかってくれる。たぶんフォーランド人の友だちはきみをうまく利用したんだろう。わからないがね、それは私が考えることじゃない。今ここで、誰かを裁くつもりはない。私が知っていることは、これが解決できる問題だということだ。しかしそれには何もかも話し合って、問題が何なのかを知ることが必要だ。それしかない。きみがこの情報を集めたのは誰のためだったと思う？」

リーは肩をすくめた。

「さあ」とフィルはこれまでどおり、穏やかな調子で言った。「誰だか知っているんだろう？」

リーはうなずいた。

「誰だい？」

「あなたと同じ……」

「いいや。誰だい？」

フィルの声は優しく励ますようだった。リーの胸のつかえをおろす手伝いをしようというかのようだ。

リーはうなだれた。「ＦＩＳです」フォーランドの諜報機関だ。

トイレの中で、ネイトは目を閉じ、首を激しく振った。長年の友人がＦＩＳのスパイだった。とても考えられなかった。それでもたしかに自身の耳で、リーの口からそれを聞いたのだ。リーとともに過したときの思い出が脳裏をよぎったが、そんな場合ではない。残りを聞かなければならなかった。しかしここで、フィルはリーに小休止を与えた。

「教えてくれてありがとう。よく教えてくれた、本当に。一休みしようか」

フィルはトイレに行った。ネイトが首を振っていた。

「殺そうかと思いました」とネイトは言った。面談が取り調べに移ったので怒ったのか、リーの告白がショックだったのか、それともただ長々と続くモノローグの間、小さいトイレに閉じ込められていたことがいやだったのか。フィルにはわからなかった。

「すまなかった」ネイトにとってはつらいことだとわかっていた。

「いいえ、正しいことをしてくださったんです。問題の核心を探らないと」

ネイトは感情を口にして楽になったようだった。

「そうするよ。がまんしてくれ」

ネイトはうなずいた。二人は、いつまでと言わずに取り調べを続けることで合意した。

またフィルはリーと席についた。先ほど終わったところから再開した。残りもつらかったがまだましだった。リーは、「大学に行っていたとき、ネイトがＣＩＡかＦＢＩに応募するかもしれない、とＦＩＳのハンドラーに教えました」と認めた。ＦＩＳのハンドラーからは、「ネイトとの友情を維持し、深めるように」指示があったという。

大学を出て国に戻ったとき、そこでまた新しいフォーランド人脈に紹介されたんです、とリーは言った。

「どうしてＦＩＳで働こうと思ったんだい？」とフィルは尋ねた。カネなのか。

「時々、少しばかりもらっていましたが、カネのせいではありません」

「ではどうして？」

リーはことの単純さにとまどっているようだった。「フォーランド人が好きだからです」。

トイレではネイトが全身を耳にしていた。「お願いです、あの質問もしてください！」

フィルはネイトの気持ちが通じたかのように訊いた。

「ネイトがＣＩＡの仕事をしないかときみに声をかけたことをＦＩＳのハンドラーに話したかい？」

「話していません」

大学のときからのつき合いだから、ネイトのことはＦＩＳに話したくないのです、とリーは言った。この答えに何か隠しているそぶりはなかった。彼は板挟みになっていたのだ。フォーランド人のことも好きだが、ネイトも好きなのだ。

翌朝八時。すでに一四時間がたっていた。フィルの仕事は終わった。他方、ネイトはまだすることがあった。裏切りは何よりつらい。しかしリーが自分との最近のつき合いやＣＩＡに誘ったことをＦＩＳに報告していなかったと聞いて、そのつらさも和らぐ気がした。二週間ほどたったある日、ネイトはＦＢＩのエージェントとともに、リーを大学のある街に連れて行った。リーとＦＩＳのハンドラーが会ったすべての場所をまわった。ＦＢＩに渡された情報の中には、こうしたハンドラーの身元もあった。

リーのケースを念頭に置いて、最も重要なモノローグの話し方と内容について、もう少し深く考えていくことにする。次の章でお話ししよう。

モノローグを話す際は、

- **穏やかに、安心させるような口調で語り、厳しさや非難している様子をみせない。**
- **反復を用いる。相手はあることをくり返し聞けば聞くほど、受け入れやすくなる。**
- **思いやりに満ちたメンターのような口調で話す。**
- **転調セリフに移るべき時を見逃さない。**

5 効果を上げる「話し方」

罪を犯した人はとにかく人から理解されたがっている、といわれる。誰かに理解してもらったら許された気分になる。このことを考えると、モノローグの目的がわかる。フィルがリーの取り調べをした場面を思い出してほしい。リーが何をやったにせよ、自分には許す権力もなければ、それほど重大な罪にはならないと判断する権威もない。フィルはそのことを常に頭に置いていた。また「この取調官ならば、自分の目線でことの経緯をわかってくれる」とある程度思ってもらえたら、口を割る可能性が格段に高まることもわかっていた。それでは、相手に「この人ならばわかってくれる」という印象を与えるにはどうしたらいいのだろうか?

実際、簡単なことではない。とくにメアリーの取り調べをしたときは決して簡単とはいえなかった。フィルはメアリーがしたことに憎悪を覚えていた。この女は国を――われわれの国を裏切ったのだ。しかし取り調べが終わったとき、メアリーはフィルに近寄ってハグをし、「ありがとう、わかってくれて」と言った。まさか、「わかる」なんてとんでもない。こんな酷い裏切り行為に手を染めることがどうしてできるんだ。フィルはとうてい理解できなかった。理解の域を超えていた。それなのにメアリーは、「理解してもらった」と感じた。

マイケル・フロイドも同じように、容疑者の気持ちが理解できない経験をした。数年前、生後三か月のわが子に大怪我をさせた疑いで、ある男の取り調べを手伝ったときのことだ。肋骨が数本折れ、背中にあざができ、肝臓が腫れ上がるほどの大怪我だった。取り調べの間、距離が縮まり信頼関係を築けたおかげもあり、父親は自白した。そこまで話を進めるために、マイケルは「本当に理解してくれている」「うわべだけでなく本気で接してくれている」と思ってもらう必要があった。

私たちのスタイルを取り入れようとする人は多いが、なかなかうまくいかないのは、誠実さが足りないからである。容疑者には「相手は嘘をついていない」と確信させることが必要だ。だから本心から正直にならなければならない。あるいは本心は違っても「嘘でない」と相手に思わせる真剣な態度をみせるか。多くの場合、マイケルがこの父親を取り調べたときのように、役者になることが求められる。

誠実であると相手に納得させるうえで役立つコツがある。説明しよう。

話す速度を落とす

モノローグに入ると、誰でも興奮状態になる。すごいヤマだ！　頑張って自白させるぞ！　と思う。大きな見せ場だ。そこでは、あえてゆっくりはっきり話すように心がけよう。キーワードに重点を置いて話すと自然にペースがゆっくりになる。頭の中で考えがぐちゃぐちゃになることもない。それが今度は落ち着いた雰囲気を生むのである。

メモをとらない

何も話していないなら、メモをとる必要はない。ペンとノートを置きなさい。相手と一対一で向き合うことだ。じっと見つめたり、視線をぶつけたりしないほうがいい。たしかに暖炉のそばで楽しく語り合うようにはいかないけれども、取り調べのいやな感じは軽減される。

低い声で話す

経験上、声のトーンは上げるより落としたほうが効果は高い。相手に大声をあげたら、一般的に、返ってくる反応は二つに分かれる。一つは、相手も怒鳴り返す。もう一つは無視する。こちらのほうが始末に負えない。そもそも容疑者にしてみれば、こちらに話をさせたこと自体が失敗だった。こちらが質問をやめモノローグに切り替えたことに気づいていない。続けば続くほど、こちらの有利になる。続けるためには攻撃的にならず、控えめにする必要がある。声を低くすると驚くほど効果が上がる。

モノローグで何を話すかはもちろん大事だが、話し方はそれを上回る。話し方で決まるといっていい。どんな素晴らしい感動的な内容であっても、話し方がまずければ、そもそも聞き取ることすらできない。とげとげしく高圧的な態度で話そうものなら、相手はこちらを敵視し、戦闘モードに入ってしまう。何を言ったところで相手には「おまえを捕まえてやる」という意味にとられるのだから、外国語を話しているようなものだ。こうなったら最後、話を聞くことは難しくなる。

声で相手を動かす目的は、相手との親密な信頼関係を築き、維持することだ。相手ははじめ、こちらのことや、たとえば取調官という「立場」を嫌っているかもしれない。それでもこちらが話しはじめると、「あれ？　予想と違うな。てっきり怒鳴りつけられるかと思っていたのに」と思うだろう。それでもまだ抵抗はあるだろうけれど、こちらがプロの取調官として丁寧な態度で接し、むやみに捕まえようとせず、敵だと思われなければ、その抵抗もみるみるしぼんでいく。相手でなく取り調べる側にとって有利にはたらくのがポイントだが、相手にはそのことがわからない。

リーの取り調べでフィルがモノローグを用いたときはこんなセリフから始まった。

「この状況はいささか妙だと思う。結局のところ、きみとネイトは本当にいい友だちだ。それも昨日今日の仲じゃない」

相手に寄り添う言葉で、フィルは「わかった」ことを伝えたのである。リーがどう思っているかを理解し、気遣った。この気持ちもタイミングも、じつは即興ではなかった。これ以上ないほど計算しつくされたものだ。やり方としては、転調セリフのすぐあとに、共感あるいは相手に寄り添う気持ちを示す言葉を続けること。これで相手は、こちらのメッセージを聞く姿勢になる。フィルが相手に共感を示したことで、リーは思惑どおりにモノローグを受けとめたのである。

リーが「フォーランド人」のことを考えていたと認めたとき、フィルは間をおかずにこんな言葉で共感を伝えた。

「前からフォーランドが好きでね。あの国を旅行して、人々に会って、いろんなものを見たら、どんなに素晴らしいだろう、とよく思うよ」

ここでフィルは共感するだけでなく、リーに感情移入している。ただ気にかけているのでなく、リーの感情をみずから感じていた。感情移入について一言述べておくと、まずフィルの言葉は真実ではない。彼はフォーランドに行きたいなどと思ったことは一度もなかった。つまり、モノローグの内容は、話題に関連があり、信憑性のあるものでなければならないが、必ずしも事実どおりである必要はない（このことについては9章で詳しく述べる）。もちろん嘘をつくことは、自白を引き出すうえで、できない約束をするのと同じくらい無意味である。しかし誠実な印象を与えることも重要であり、そのために嘘をつかざるをえないこともある。心から素直に共感できない場合はなおのことだ。たとえば、連続幼児暴行魔を取り調べると想像してほしい。しかし、フィルは想像する必要がない。すでに経験していた。

キャリアのはじめのころ、フィルは合衆国政府職員の話を聞くように指示された。この職員はGS－15で上級マネジャーのポジションにいた。オスカー（仮名）というこの男は幼児暴行で取り調べを受けていた。フィルは当時、この最もおぞましい犯罪の容疑者の面談・取り調べを任されていた。仕事の一部だから、やらなければならないのだが、とくにやっかいな事件だった。

進行中の取り調べでは、オスカーが犯人であるとする決定的な証拠はあがっていなかった。オスカーはポリグラフ検査で何度もひっかかっていた。性的逸脱に関する質問に対する反応がおかしかった。幼児への暴行に関して、何か嘘をついているにちがいない。しかし、オスカーはそんな行為はしていない、という断固とした主張を崩さなかった。

オスカーは、保安局からフィルと面談するように指示された理由をよく知っていた。言い訳の必要はない。フィルはポリグラフ検査の結果をオスカーと見直した。落ち着いて、彼らしい穏やかな口調で、フィルは訊くべき質問をおこなった。「幼児に対して性行為をおこなったことがありますか？」

オスカーは苦々しい顔をした。フィルに向かって指を振って見せ、軽蔑を隠そうともせずに言った。「そんなことするわけないだろう」。

苛だったようにフィルを睨《にら》みつけた。「それは変態じゃないか、おれは変態とは違う」。

オスカーからそれ以上訊く必要はない。今度はオスカーが訊く番だ。フィルは取り調べモードに移った。

「ポリグラフ検査で出た結果はどれも、きみが幼児に対する性行為に関して何か考えていたことを示している。だからそのことを話し合って、解決しなければならないんだ。私には二人息子がいてね。正直な話、もしきみのことを変態だと思うなら、同じ部屋にはいられないだろう。無理だね。しかしこれはそういう話じゃない。長いこと国家に貢献し、めざましい成果をもたらしてきた人が何に悩んでいるのかを見つけ出そうとしているんだ。何で悩んでいるにしても、確かなことがある。それが世の終わりではないよ。もしそうなら、われわれも同じさ。誰だって『しなければよかった』と思うことや、考えただけで頭を抱えてしまうことをした経験がある。何か悪いことをしたいわけではないのに、そういうことになる場合もある。われわれに言わせれば、そういうことは往々にしていい人に起こるんだ。つまり、悪人だけが悪いことをするのではなく、善人だって間違った判断を下すこともある。誰かに害を加えるつもりはないんだ。ただ結果的にやりすぎてしまったとか、結果を考えていなかったとか。あるいは誰かを傷つけてしまうとかね。もし今回そういうことだとしたら、話し合わなければいけない。解決できるからね。私は精神分析医ではないし、精神分析をするつもりもない。ただ、人生には――とくに若いときは――のちに自分ではどうしようもなくなるようなことをやってしまうことがある。もし自分でコントロールできるなら、面倒なことは起こらない。われわれの住む世界はどこかおかしい。どこを見ても、セックスの話ばかりだ。そこから逃げられない。これは社会的な問題で、社会が正していくべき問題だ。われわれにはそれは直せないが、しかしこの問題は直せる。隠さず正直に話すことができればね」

うまくいっていた。フィルが言うことは明らかに響いていた。オスカーは抵抗しなかった。フィルは続けた。自分の主張をくり返した。チェックする時が来た。フィルはあざ笑ったり聖人ぶったりせず、優しく言った。

「話しづらいと思う。こういう非常に個人的なことは誰も話したくないよ。子どもが対象となれば、この社会では特にきまりが悪いだろう。そう思うよ。しかしときどき子どもが事件に巻き込まれるんだ。そうだろう、子どもはどこにでもいる。さあ、最後に子どもと二人きりで過ごしたのはいつのことだった？」

このあとの話は聞くに堪えない内容だった。オスカーは数百人もの子どもに性行為をしたことを認めた。獲物を求めるときは、子どもに人気のピザ＆ゲームセンターでうろついていた、とも言った。

では、フィルのモノローグの始まりに戻ってみよう。オスカーの「私は変態でない」という主張に対して、フィルは何と言っていただろうか。

「私は二人息子がいてね。正直な話、もしきみを変態だと思うなら、同じ部屋にはいられないだろう」

これは完全には間違いといえない。実際、フィルには当時二人の息子がいた。しかし「オスカーを変態だと思っていない」とか「もし変態だと思っていたら一緒の部屋にいられない」という部分は正しくない。フィルはオスカーが性的倒錯者だと思っていた。同じ部屋にいると虫唾《むしず》が走った。それでも、自白させるためには、「やっていない」というオスカーの主張をつぶさなければならない。最もよいのは同意すること——本心とどれほど違っても。事実、フィルの言葉でオスカーは戦略を見失い、アプローチを考え直すしかなくなった。そう促したのはフィルの好判断だった。

ここで、こんな問いが思い浮かんだのではないだろうか？ 私たちも時折訊かれる質問だ。オスカーのように邪悪で、冷血で、厚顔な人間であれば、あるいは何の罪もない人を意味もなく殺すテロリストであれば、フィルのとったアプローチを弱さのしるしとみなしそうなものではないか。赤子の手をひねるくらい簡単にやっつけられる相手、とは思わないのだろうか？

この質問の前提から考えてほしい。邪悪で冷血で厚顔な人間とは何を意味するのか。ここでわれわれの感覚はどこまで信用できるのだろうか。こんなやり方をしたら「私は協力も話もしない」とつっぱねられる、と考えるのは自分の偏見を他人に押しつけることだ。事実、人間の行動は必ずしも論理的ではない。自身の予想や偏見に一致するように行動してくれるわけでもない。だいたい幼児に対する性的虐待のどこが論理的だろう。ＣＩＡの心理学者はこのように言う。人間行動と論理にはただ偶然の関係しかない。誰であれ、こういう状況だからこういうやり方で振る舞うはずだ、と仮定すべきではない。私たちはそのことを何度も経験済みだ。

スーザン・カルニセロはかつて就職希望者ルシール（仮名）の適性検査をおこなった。スーザンの同僚による予備面接で、過去にドラッグをやっていたことを認めたが「ずっと前にやめました」とルシールは強調した。面接のとき、ルシールは青いシャツにジーンズというカジュアルな格好で現れた。シャツにはロゴがついていた。スーザンはインタビューを進めながら、無意識のうちにロゴを見て何だろうかと考えた。それは彼女が流通目的でコカインを所持した罪で服役していた刑務所のロゴだった。この面接が終わったら、そのまま更生訓練施設に行かなければならなかったのだ。つまり、ルシールはドラッグ中毒との戦いをまだ続けていたということだ。ルシールの考え方と振る舞いの関係は、面接での服装以上に偶然だった。

- 「この人ならわかってくれる」という印象を与える。相手は理解されたがっている。
- 誠実に対応する。本心から相手に対して正直になる。
- 誠実であることを相手に納得させる三つのコツ
  ① ゆっくり話す
  ② メモをとらない
  ③ 低い声で話す
- 何を話すかより、話し方のほうが大切である。
- 転調セリフのすぐあとに、共感あるいは相手に寄り添う気持ちを示す言葉を続ける。
- モノローグの内容は、必ずしも事実である必要はない。
- 相手の主張に中立的であるためには、同意を示すこと。

How to Tailor Your Monologue

6 相手に合わせてモノローグを組み立てる

一見して、フィルがリーを取り調べたときのモノローグは思いつくままに話したように思えるかもしれない。リーをうまくその気にさせて自白させられたらいいなあと期待しながら、安心させるような言葉を型にはまらずに話しつづけていた、というイメージだろうか。しかし実際はそうではない。目標は、隠そうとしていたことをすべて吐かせることだが、フィルがモノローグで言ったことは一つ残らず、その意図に合わせて組み立てられたものだった。彼の語りの文は一つひとつが明確で考えられた目的をもっていた。一行一行が意味ある全体に意識的に織り込まれ、その効果を減らすようなものは残っていなかった。

私たちがモノローグを作る上で使う要素を見、どのように使うのか、フィルの取り調べでそれらがどんなふうに使われているかを見てみよう。要素がモノローグに現れる順番にとくに決まりはない。

相手の行動に「理由」を与えてやる

人がすることで合理的な理由がつけられない行動はない。どんな行動であっても、理由や言い訳は思いつくだろう。相手を「その場思考」モードからはずれさせないために、モノローグで言い訳を考えてやり、相手のメンツを保つことは非常に効果がある。リーの場合を見てみよう。

「心底いい人でも、ときどき深みに入ってしまう。みな『どうしてこんなことに？』って思うんだが、それはまっとうな心をもっているからだよ。つまり、こういうことだ。現実を考えよう。何年もの間きみはフォーランド人の友人に助けてもらい、サポートを受けてきた。なんとかお返しがしたいと思うのは当然だ。誰かに何かしてもらったら、お礼するのはあたりまえさ」

「人の行動にはいろんな理由があり、なかにはコントロール不可能な理由もある。事柄の深刻さを理解していないこともあるし、問題そのものに気づかないこともある。自分がいままでどんなふうにやってきたか、振り返ったりしないものだ」

社会に転嫁する

悪いことが起きたとき、誰かほかの人のせいにするのは簡単なことだ。きわめて深刻な結果をもたらしそうな場合はとくに、一〇〇パーセント自分が悪かったと引き受けるのはなかなか難しい。だから、相手が自分の責任を認めやすくなるように考える必要がある。モノローグで、何をしたにせよ本人だけが悪いのではない、と伝えることは非常に効果がある。だとしたら誰のせいにする？　社会が悪かった、学校に非がある、システムの問題、政府の責任。大きく考えれば大きいほど、漠然としているので都合がいい。責任を押しつける先を明確にしてしまうと、相手に何か期待させ、あるいは責任逃れを認めているように見えてしまう。リーの場合、フィルは「社会」を持ち出している。

「政治的な立場にかかわらず、きみがフォーランドの人に惹きつけられるのはよくわかるよ」

彼はまたフォーランド人にも責任があると指摘しているが、リーが親しみを感じている人を悪く言わないように考えている。

「たぶんフォーランド人の友だちはきみをうまく利用したんだろう。わからないがね、それは私が考えることじゃない」

結果を深刻に考えさせない

「その場思考」からはずれないために、結果がどうなるかを考えさせないことは必要である。効果的なのは、深刻な状況をあえて軽く扱うことだ。そもそも問題でないかのように装い、偽るのはよくないが、たとえば「これで全部終わったわけではないよ」「このことは解決できる」といった言葉で「まだましだ」「やり直せないわけじゃない」と思わせることはできる。「解決」が何をさすかは特定する必要はない。フィルはこんなふうに言っていた。

「彼が唯一気にしていたのは、われわれの世界がどうなっていて、毎日どんな仕事をしているかきみは知らないんじゃないか、ということだった。何かのことで『自分は不適格だ』と思うかも、と気にしていたよ。現実ではどんなことも起こりうるからね。ネイトに言わせれば、きみはちょっと完璧主義者だとね。でもわれわれが住む世界は完璧じゃない」

「ネイトは私の友人だし、もちろん彼に悪いニュースを伝えたくはない。しかしそこなんだ。悪い知らせである必要はない。そんな理由なんて何もない。きみがひっかかっていることが何であれ、それはちゃんと直せるんだよ。これは修正できる問題だ」

自分だけでないと思わせる*

私たちは社会的な動物である。したがって、相手が孤独だとか「他から見捨てられている」とか思わないように工夫しよう。ほかの人も同じ境遇にあるのだと伝えることだ。それにはモノローグを「ほかの人も同じ」という文脈にするとよい。フィルは次のように述べている。

「リー、われわれの世界では、日常茶飯事だよ。これまで、母親、父親、学生、政府役人、会社幹部、ありとあらゆる立場の人たちが、まったく同じ状況にいるのを見てきた」

「これまでなかったことではないし、べつに驚かない。前からあったことだ。この状況でどんなことが起こったにせよ修正できなかった問題なんて一つもない」

「わかるよ、ネイトもわかるし、みなそれはわかってくれる」

相手は、行動そのものよりも真実を話すことに集中していなければならない。苦境を脱するには、取調官に正直に話すことしかないと確信する必要がある。

真実を強調する

フィルもこの点を強調した。

「私が知っていることは、これが解決できる問題だということだ。しかしそれには何もかも話し合って、問題が何なのか知ることだ。それしかない」

こうした要素をモノローグに織り込んでいくうえで重要なのは、言葉の選択である。鎮痛剤を流用した薬剤師ジャンの例を思い出してほしい。あの場面では「取り調べ」という言葉を使わず「調査」と言っている。また「盗む」でなく「取る」という表現を使った。同じように、リーに対するモノローグ（「きみがやった」式DOG）では、「スパイ」「スパイ活動」ではなく「情報収集」という言葉を用い、「FIS人脈」ではなく「友だち」と表現している。きつい言葉を避けることで、相手は「その場思考」を続けることができ、行動がどんないやな結果を引き起こすのかを思いめぐらすこともない。

マイケルがCIAでスパイのケースを扱ったとき、容疑者が「取調官にスパイ呼ばわりされた」と話した。「スパイ」などというきつい言葉によるダメージを早急に覆すことが先決だ、と、マイケルは考えた。そのときのやりとりを紹介しよう。

マイケル 何と言われたって？
容疑者 スパイだってさ。
マイケル スパイって何だ。
容疑者 知らないよ。秘密を売って金にする人のことじゃないか。
マイケル きみの場合はまったく違うじゃないか。きみはただ情報を教えて、われわれのめざす世界の安定を促進しようとしただけだ。

たしかにわざとらしいが、効果がある。

侮辱や攻撃するような言葉を用いると、相手は口を閉ざしてしまう。マイケルはかつて大物弁護士に聴取を依頼されたことがある。この弁護士のクライアントは中国系の原子物理学者で防衛産業大手に雇われているが、機密情報を中国の諜報機関に流したという嫌疑がかけられていた。しばらくの間ＦＢＩに行動を監視され、中国人諜報機関のエージェントと会っているところを写真に撮られたり記録されたりしていた。

取調室にこの原子物理学者が呼びこまれた。ＦＢＩは膨大な証拠があり、この人物から自白を引き出したいと思っていた。取調室に入るなり、ＦＢＩのエージェントが言った言葉は――「そこに座れ、中国人」。

モノローグに必要な要素
- 相手の行動に「理由」を与えてやる
- 社会に転嫁する
- 結果を深刻に考えさせない
- 自分だけでないと思わせる
- 真実を強調する

マイケルの礼儀正しいやり方と対照的だ。マイケルは相手を理解する姿勢と誠実な物言いでFBIよりもはるかに詳細な情報を引き出した。実際、この原子物理学者はFBI捜査官の侮辱を受けて「どんな証拠があっても、どれほど罪がはっきりしても、こいつには絶対自白しないぞ」と思ったという。結局、司法取引に応じて、彼は情報を中国に流したと認め、懲役刑を免れた。

金曜日の夜、大事な友人と映画を観に行ったと想像してほしい。善良な映画ファンであれば、映画が始まる前に「携帯の電源をお切りください」とゾンビやカウボーイや戦士に指示されると、言われたとおりにするだろう。映画のあと、映画館を出ながら電話の電源を入れると、一件電話が入っていた。知らない番号からだ。何だろうと思ってボイスメールを聞く。友だちと映画の話をするのはそのあとだ。ボイスメールはこんな内容だった。

「こちら州警察のウィリアム刑事です。折り返しこちらの番号に連絡してください。よろしく」

心臓が早鐘のように打ちはじめる。いったいなんだって州警察の刑事が電話をしてくるんだ？何も悪いことはしていない。携帯の電源だってルールを守ってちゃんと切っている。関係ない。心臓が音をたてる。何をしたんだ？　いや、考えてみれば、こちらにまったく非がなくても何か正当な理由で電話がかかってくることはある。警察官が亡くなった、あるいは障害を負ったとかで家族の生活資金集めをしているのかもしれない。近所で強盗事件が起こり、何か不審者がいなかったか全員に聞いているのかもしれない。しかしそういうことは考えられない。どうしても次々に頭に浮かぶのは悪いシナリオばかりだ。警察に何を責められるかわからないが、友人や家族に何と説明しよう？　弁護士を頼んだほうがいいだろうか？　しかし弁護士なんか知らない。ジムで会ったあの男は弁護士だが、あれは頭が悪い。仕事を休まなければならないだろうか？　もしそうだとして、上司になんて言う？

家に帰りつくころには、すっかり平静を失っていた。というのもすべて単純な理由である。マインドウィルス*にかかってしまったのだ。

マインドウィルスとは、何か悪い結果を引き起こしそうな情報を知ったときの不安感をさす。こんなことになるのではないか、と勝手に結果を想像してしまうのだ。私たちはみなこのウィルスに弱い。これに効く予防接種はないのである。

マインドウィルスは、取り調べの場面で利用できる。想像する結果がよいときでも、効果は大きい。これを引き起こすにはズバリ言うのではなく、匂わせることだ。

学校の校長が、一人の生徒に話をする場面を想像してほしい。「この生徒が先日、学校に拳銃を持ってきました」とクラスメイトから報告があったのである。今日、初めて聞いた話だ。生徒のロッカーや私物を調べたが、拳銃は出てこなかった。考えるに、昨日拳銃を持ってきたが、学校が終わったとき持って帰り、そのまま家に置いてきたということだろう。それでも、もし拳銃を学校に持ってきたとするならば、知っておく必要がある。

この場合、「話したら、退学だ」と言ってはいけない。「私たちの目標は、このことを解決すること、なぜこの問題が起こったかを理解すること、そして何とかうまく解決することだ」というようなことを言えばいい。そこで、この生徒にマインドウィルスを植えつける。「解決」とは何かを自分で解釈させよう。「解決って何ですか？」と聞かれても、まともに答えてはいけない。こんなふうに答えたらいいだろう。

「いいか、『解決』というのは、なぜこれが起こったかを理解しなければならないということだ。なぜそれが起こったかを理解できれば、次にどうするかを考えられる。いまの時点では次にどうするかを考えることもできないよ。なぜ起こったかがわからないんだからね。何が起こって、誰がしたのかはわかっているが、なぜかがわからないんだ。私たちが理解するために助けなければならない。そうすれば、どうすればいいかを考えることができる」

このセリフであれば、自分にとってよくない結果であっても、自分のせいだ——校長のせいでも、学校のせいでも、システムのせいでもない——と理解できる。こちらから非難するようなことを言わなくても、生徒はこのやりとりでちゃんと理解することができた。

フィルはリーの取り調べでまったく同じ戦略を用いている。自分の口で、リーに責任がないとは言えない。そこでマインドウィルスを利用して、本人に考えさせることにした。「解決するには何もかも話し合って、問題が何なのか知ることだ」と言ったとき、「解決」が何をさすかはリーの考えにゆだねられている。「（ネイトは）きみはもし機会が与えられれば多くの人のためにたいへん貢献してくれる人だとわかっている」というくだりでも、ＣＩＡと今後関係が生まれるのかどうかはリーに考えさせている。「たぶんフォーランド人の友だちはきみをうまく利用したんだろう」と言ったときも、解釈はリー次第だった。

モノローグにはある程度「公式」のようなものがあるとはいえ、型どおりのアプローチだけで作れるわけではない。たしかに、一般に用いるフレーズにはどんな状況にも応用可能なものもある。しかし自動的に出来上がるお手軽テクニックを用いたり、耳触りのいい言葉をつなげただけのモノローグを作ったりしてはならない。いま向き合っている相手や状況に合わせ、モノローグをカスタマイズする必要がある。これは取り調べモードに入る前から始まっている。相手が面談で話していることをじっくり聞いて理解しようとすることは、つまりカスタマイズの一段階なのだ。質問に対して、相手が「妻が妊娠していて」とか、「最近クビになった」とか、「子どもが三人大学に通っていて家計が厳しい」とかいう話に触れたとする。その後のセリフで合理的な言い訳を考えてやる際に、そうした情報は非常に役に立つ。

表面に出ない事実についても徹底的に知っておく必要がある。フィルがリーを取り調べたとき、リーとネイトの友情を利用した。同じ戦略はどのような取り調べでも使える。相手についての情報をベースにしてモノローグを組み立てるのだ。

事務長をしているとしよう。小さな金庫から五〇ドルが紛失していた。タイミングや状況を考えると、おそらく簿記係補佐のサリーがしたとみて間違いない。サリーはシングルマザーで、毎日のやりくりに苦労している。サリーに話を聞くと、行方不明のお金について何も知らないと言う。ここでのモノローグはこんなふうになるだろう。

「サリー、いまあなたに話をしようと考えながらふと思ったの。あなたという人を知っているとね、どうしてこんなことが起こったんだろうって。なぜ彼女はこんなことをしたんだろう？　何年もの間、他人には正当化できない、あるいは理解できない理由に動かされて行動してしまった人をたくさん見てきたわ。でも、これがまったく違う状況だったらと思ったのよ。たとえば、もし私が夜帰宅して息子と娘に『ママ、ごはんは何?』と言われたとして、夕食が何もなかったらどうするか? 冷蔵庫には何もない。食器棚にもない。お財布は空っぽ。食べるものなんて何もないとしたら。ほかに方法がないなら、ふだん絶対にしないことをするのではないかしら。私がこの判断を迫られたら? 私は運よく、そういうことにはなっていないんだけど。いま私が言いたいのはね。あなたがもしこういう状況にあるのなら、それを知る必要があるということ。私たちはそれを理解しないといけないの。話してくれたら残念な判断がよい判断に変わるということは必ずしもないけれど、理解しやすくなるわ。私たちはみな残念な判断をしているものよ。そう、毎日。どうしてこういうことになったのか、私たちが理解できるよう協力してくれることがとても大切なの」

これには型どおりの要素はない。サリー個人の状況に言及し、サリーにストレートに伝わる言い方で示されている。もちろん、いつもこんなふうに簡単にはいかない。問題が五〇ドルの紛失であればまだしも、重大な犯罪を調べているとしたら? こうしたモノローグには経験が必要だ。日常的に凶悪犯罪にさらされる警察官や、深刻な問題を抱える人々と接する心理学者でもなければ、私たち人間がどんなことをしでかすものなのか、なかなか想像ができないものだ。このような場合、一般的な決まり文句の寄せ集めではなくて、相手に合ったモノローグを作るのは本当に難しい。合理的な口実を考えてやり、それほど悪い結果はないと思わせ、他にも責任があると言うことはできても、状況の重大さと事実に一致していなければ、何を言っても意味がない。モノローグが意味を

6 相手に合わせてモノローグを組み立てる

もつのは、合理的理由をしっかり理解して初めて可能である。だから、経験とトレーニングが重要なのだ。

この基本的な考え方は、もっと日常的な他の状況にもあてはまる。人事部長が、就職希望者の適性検査と面接をするとしよう。経験上、応募者がどんなことで嘘をつくか、履歴書をどうごまかすか、学歴や資格を誇張して書くことなどはわかっている。モノローグの基盤をしっかりと用いて、相手のしていることに合理的な口実を考えてやり、さらに相手について多くの情報を集めることが必要だ。たとえば、プロスポーツのフランチャイズ企業の就職面接を考えてみよう。PRのポジションに応募してくる人は往々にしてそのスポーツでのコネクションを誇張しがちだ。だから、それを頭に入れておく必要がある。面接でこうした問題が現れることをあらかじめ覚悟しておこう。というのも、各希望者のコネクションについて正確に理解できていないと、最良の決定が下せないからだ。面接でこの問題が浮上し、自分のコネクションについて正直に言うよう説得しなければならないと思ったら、応募者に対して合理的な言い訳を考えてやることが功を奏する。たとえばこんなふうに。

「いいかな、この面接では、このポジションにふさわしいと思われるためには注目を引くような人脈の膨大なデータをもっていなければならないと考えている人が多くてね。それでみな履歴書を少しばかり大げさに書いてしまうんだ。これはよく理解できる。求める人材について間違った情報やガセ情報が出回っているしね。しかし実際、私たちが求めているのはそんなことではないんだ。私たちにはすでに相当強固なコネクションがある。このポジションにふさわしいのは、協力してそのコネクションを活用でき、時間とともにコネクションを増やしていける人だ。必要ならどんなサポートでも提供できるが、そのためには、入ってもらう人について正確な像が描ける必要がある。それがなければ先に進めないんだよ」

こう言えば相手も事情がわかるだろう。

子どもを相手に面談したり取り調べたりする場合は、とりわけ慎重におこなう必要がある。子どもは時々理解できないまま質問に答えることがある。間違いに気づかずに答えることもある。子どもをよく知っている人は、子どもの頭の中では空想と現実の境界があいまいであることを知っている。大人が嘘だと思うことでも、子どもにとっては嘘でないことも知っている。こうした要素を考慮に入れて、モノローグを作らなければならない。

マイケルは弁護士ミスター・ジョーンズ（仮名）の依頼を受けて一三歳の少女ポーレット（仮名）の面接をおこなったことがある。ポーレットは六歳のとき、悪魔的カルト集団によってひどい虐待を受けたと主張していた。これはとりわけ気持ちが重くなる事件だった。ポーレットによれば、六〇名の他の子どもたちとともに、カリフォルニアの悪魔的カルトリーダーによって儀式に連れていかれ、レイプや拷問を受けた。なかには殺された子もいる、という。ミスター・ジョーンズは悪魔的カルトに対する共同訴訟の可能性を調べ、被害を受けたとされる子どものなかで、ポーレットが最も信頼できると考えた。ミスター・ジョーンズはポーレットの話を信じていた。あるいはなんとかして信じてあげようと思った。そこで彼女が本当のことを話しているかどうか、マイケルにみてほしいと依頼したのである。マイケルにとっても意味深いケースであった。

面接をしながら、マイケルは少なくとも三つの障害があることに気づいた。第一に、ポーレットはそれまでに家族、警察、セラピスト、弁護士の面接を何度も受けていた。誘導質問*も受けていたにちがいない。だとすれば、空想と現実の境界線はますますあいまいになっていただろう。大人がうっかり発するシグナルを読んでいたのか、それとも相手が喜びそうな話をしていただけなのか。面接者のなかには、共同訴訟になるかもしれないという視点から、これが事件になれば自分の知名度が上がって得をするから、と問題を故意に歪める人もいた。第二に、あることが起こってからそれについての情報が明らかになるまでの期間が長ければ長いほど、真相は探りにくくなる。ポーレットの生活では、出来事が起こってからそれを話すまでの七年間という年月はほとんど永遠に近い。第三に、子ども相手に面接をおこなうことはどのみち大変なことだが、問題が悪魔的儀式やレイプ、拷問、殺人といった事柄に絡んでくると、とてつもなく扱いが難しくなる。

ポーレットの話はおぞましく奇想天外だった。感情を少しでも見せてしまうと彼女の反応に影響を与えるため、マイケルは判断をまじえることなく客観的に話を聞いていた。二日間話を聞いたところで、ポーレットが自分の話を心から信じているように見えることがマイケルには驚きだった。真実味たっぷりに語るのは、現実に経験したからなのか、それとも何度も何度も話したことで、本当の記憶だと自分で思えてきたのか。では、面接の記録の抜粋をみてみよう。

マイケル　前に話してくれたときは、サンフランシスコのアパートメントでミスターXにレイプされたと言ったね。

ポーレット　セックスしたかどうかはわからないわ。注射されて、記憶がないの。

マイケル　洞窟でミスターXが男の子をタイヤレバーで刺したのを見た？

ポーレット　スタンよ。

マイケル　前の話では、ミスターXだと言っていたよ。男の子を刺したのはスタンなの？　ミスターXなの？

ポーレット　ミスターXよ。

マイケル　なぜスタンだと言ったの？

ポーレット　さあ。

マイケル　どうやってその洞窟に行ったんだい？

ポーレット　ヘリコプターでどこかに行ったの。知らない。

マイケル　ヘリコプターはどこに着陸した？

ポーレット　野原よ。そこからバスで湖に行ったんだわ。

マイケル　洞窟のある湖に通じる門があって、看板がかかっていた、という話だったよね。「進入禁止」と書いてあったって。そうかい？

ポーレット　ええ。

マイケル　さっきは、そこに行く前は文字が読めなかったと言っていたよ。どうして「進入禁止」だとわかったのかな。

ポーレット　字を読めるようになってから、意味がわかったのよ。
マイケル　湖底の洞窟にどうやって行ったのか話してくれるかい。
ポーレット　私たち（ポーレットとほかの二人の少女、四歳と六歳）は長いTシャツに着替えて。ちょっとだけ、スキューバダイビングのやり方を教わったの。
マイケル　どうやって教わった？
ポーレット　水の中ではなくて、ただ陸に立って、スキューバの用具を着けてくれたのよ。
（マイケルは使ったと思われるスキューバのギアの絵を描いてもらった。絵の中の子どもたちは、宇宙服のようなものを着ていた）
マイケル　きみは泳げるの？
ポーレット　泳げないわ。
マイケル　それでどうしたの？
ポーレット　ボートに乗り込んだの。大人の人が一人乗って、湖の真ん中まで漕いで行ったわ。
マイケル　ライフジャケットを着て？
ポーレット　いいえ。
マイケル　スキューバの用具を着けて？
ポーレット　ボートに乗ったときスキューバのギアを着けたわ。ボートでもスキューバのギアを着けたまま息をしてた。
マイケル　湖の真ん中に行って、どうしたの？

ポーレット　飛び込んだの。
マイケル　大人が一人しかいないなら、誰がボートを漕いで戻ったの？
ポーレット　それなら、大人の人は二人いたんだわ。
マイケル　それでどうしたの？
ポーレット　大人の人の手を私といちばん下の子がつかんで潜っていったの。この人は懐中電灯を持っていたわ。
マイケル　それから？
ポーレット　もう一人の子は一緒に潜っていって、一分半くらいで洞窟に着いたの。
マイケル　その大人は両手できみたちの手をつかんで懐中電灯も持っていたんだよね。どうやって泳いだのかな。
ポーレット　（大人が両手で泳ぐしぐさをする）
マイケル　なるほど、それから？
ポーレット　もっと潜っていったら、プラスチックのカバーがあったんだけど、大人の人が引っ張って、それで洞窟に入っていったの。
マイケル　洞窟の絵を描いてくれる？
ポーレット　うーん。わからない。部屋は一つで、床は汚くて、上に窓がついてたかな。
（ポーレットは悪魔儀式、レイプ、拷問、殺人の描写をした）
マイケル　洞窟からどうやって戻ったの？

ポーレット　泳いで水面に行ったの。ボートがなかったから、泳いでいったのよ。
マイケル　正確に説明してくれる？
ポーレット　大人の人が両手で私たちの手をつかんで、一年下の子は自分で泳いだの。

ポーレットの説明は辻褄が合わない。この時点で、マイケルは彼女が本当のことを言っていないとわかった。取り調べモードにスイッチを切り替え、このようなモノローグを始めた。

マイケル　ポーレット、二日間きみの話を聞いてきた。明らかなことはね、何かきみは気になっていることがある、っていうことだよ。僕は人が本当のことを話しているか、でっち上げの話をしているかがわかるってミスター・ジョーンズに言われたんだね。きみが話したことのなかでどこか本当には正しくないことがあって、それが気になっているんじゃないかと思うんだ。しかしそれはいい。ポーレット、そんなことを気にしないでいいんだよ。
　この話をきみはずいぶん長いこと何度も話してきた。そういうふうにずっと話していると、それを信じはじめることがあるんだ。そういうことではないのかな。話しているうちに、話したことが自分の中で本当のことになってしまうんだ。最初はこの話に大人がどう反応するか、一種のゲーム感覚だったんじゃないかな？　しかし、みんなきみを信じた。いまさら作り話だとは言えなくなってしまった。どうしよう、と悩みはじめたけれど、僕が会いにくるまで、あれよあれよという間に話がどんどん膨らんで、コントロールできなくなってしまった。

人がどんなふうに正気を失っていくかを考えると、笑ってしまうよ。きみもそう思うだろう？　どんどんおかしくなっていくんだよね。でも、僕は今回かかわった大人に責任があると思う。きみじゃなくてね。だいたいきみの話はおかしいことばかりなんだから、どんなに頭の悪い人でも冗談だとわかってしかるべきなんだ。もし僕がきみだったら、困ったり恥ずかしいと思ったりはしないよ。だって誰も傷ついていないじゃないか。

僕が子どものころ、近所の子のおもちゃの馬車と、僕の持っている小さな棒を交換したんだ。

ポーレット　（笑）

マイケル　家に帰ると、母に「その馬車どうしたの」と聞かれた。それで「見つけた」って言ったのさ。嘘だということはバレていたけど、もし本当のことを話せば馬車を返してこいと言われると思ったんだ。結局、本当のことを話した。話のあとで、母はこう言ったんだ。「わかったわ、でもその子をだまして利用したんじゃないの？」って。母は正しいことをしなさいと言った。それは簡単じゃなかったよ。でも僕は馬車を返したんだ。母は僕を誇りに思うと言ってくれた。おかしなことだけど、本当のことを言って、正しいことをしたらこんなに気分がいいんだって、いまでもよく覚えている。僕と同じように、きみも正しいことをして本当のことを言えるはずだ。きみならできる。

ポーレット、きみは悪い人間じゃない。きみが落ち込んだり気まずい思いをしたりしてほしくないんだ。ねえ、僕だってそうだったんだ。実際そうだった。みなも完璧じゃない。学校で使う鉛筆に消しゴムが付いているだろう？

ポーレット　ええ。

マイケル　そうだよね。鉛筆に消しゴムが付いているのは、誰だって間違えるとわかってるからだよ。みなわかってくれるさ。僕もわかったんだから。誰もきみのこと怒ったりしないよ。今日僕が帰る前に、ミスター・ジョーンズに本当のことを話す手伝いをしてあげよう。訴訟を起こす前に書類を修正できるんだから、よかったと思うはずだよ。最初はきまりが悪いと思えるかもしれないけれど、きみは勇敢なお嬢さんだ。一緒に乗りきろう。

ポーレット、教えてくれ。ミスターXやほかの人を傷つけようとしたのかい？　それともただの冗談だったのかい？

ポーレット　冗談だったの。それだけよ。

マイケル　わかった、ありがとう。よく頑張ったね。もう大丈夫だよ。

マイケルとミスター・ジョーンズは解答にたどり着いた。望んでいた解答ではなかったものの、ミスター・ジョーンズは受け入れ、マイケルが見事に真実を引き出したことを称賛した。そして訴訟は起こされなかった。

子ども相手のモノローグ

子どもに本当のことを話してほしいときは、こんなことに注意しよう。

- なぜいま話を聞こうとしているのかを説明し、子どもが不安にならないように気をつける
- 「嘘をつくこと」と「正直に話すこと」の違いを子どもに理解させ、「知らない」「わからない」と答えてもいい、とはじめに言っておく
- 子どもはもともと、本当のことを話すよりも、大人の期待に沿って答えようとする。
- 自身の子ども時代の話をしよう。子どものころの反省談をすると、「自分と同じ部分がある」「自分のことをわかってくれる」と思ってもらえる
- 具体的で簡潔な質問をしよう。抽象的な言葉を使うときは子どもが理解しているかどうか確認が必要
- 親子の場合――いつでもモノローグを使うのではなく、本当に大事な場面に使うこと。たとえば、学校でカンニングをした、ドラッグに手を出した、何か犯罪にかかわった、など。宿題をしなかった、掃除をさぼった、という軽い事柄でもモノローグを使ってしまうと、効果が半減する
- 子どもには嘘をつかないように。子どもに本当のことを話してほしいならば、自分からまず正直に話そう。

- 相手が自分の責任を認めやすくする。本人だけが悪いのではないと伝えるのが効果的。
- 結果がどうなるのかを考えさせない。深刻な状況をあえて軽く扱う。
- 相手が孤独だとか、見捨てられていると思わないように工夫する。「ほかの人も同じだ」という文脈にする。
- きつい言葉を避ける。侮辱や攻撃的な言葉は、相手の口を閉ざしてしまう。
- ズバリ言うのではなく、匂わせる。マインドウィルスを利用して、本人に考えさせる。
- 子ども相手の面談の場合は、とりわけ慎重を要する。

7 モノローグに抵抗されたら

フィルのオフィスにある帽子掛けには、「唇が動くのは、嘘をついている証拠」と刺繍が施されている。実際はそれほどひねくれていない。しかしストレートな言い方をするならば、嘘をついている人には唇を動かしてほしくない。このことは取り調べの場面でぜひ覚えておかれるとよいだろう。

面談モードから取り調べモードに移行するとき、ダイアローグからモノローグに切り替えるが、それにははっきりした理由がある。自白にせよ、告白にせよ、事実の説明にせよ、真実でないことを話してほしくないからだ。どれほどすぐれたスキルで心を奪うモノローグであっても、こちらの話の間、まるでハムレットのセリフを聞いているかのように聞き惚れているとは思えない。何らかの抵抗を示すだろう。うまく対処するように準備する必要がある。

取り調べで想像される抵抗には、おもに三つの形がある。説得、感情、否定である。それぞれの抵抗のタイプがどう示されるか、それをどう切り抜けるかをみていこう。

説得セリフ*による抵抗

説得セリフとは相手の考えを揺さぶり操作する言葉をさす。セリフの内容が正しいこと、あるいは反駁できない内容であることで、非常に強力である。第3章の、紛失した鎮痛剤のエピソードを思い出してほしい。事実を考え合わせると盗んだとみられる薬剤師ジャンに対して取り調べモードに切り替えていた。モノローグをじっくり語っているとき、ジャンが突然話の腰を折る。「ちょっと待ってください」と言い、息もつかずに自分の主張を始める。

「おかしいでしょう。私は六年前からここで働いているんですよ。いちども何か悪いことをしたと非難されたことはありません。私は専門の知識もあり、尊敬してもらっています。私は盗みなんかするような人間じゃないです。たかが鎮痛剤でどうしてこの仕事を棒に振るようなことを……」

ジャンは「私が盗ったなんてお門違いです」と説得しようとする。自分自身が高いポジションの人間であると匂わせる戦略だ。彼女が言っていることはすべて正しい（専門知識があり、実際に尊敬されている）、あるいは反論できない（彼女がこういうことをするたぐいの人間かどうかはまだ決められない）。このセリフが強力なのは、まさにとことん説得的だからだ。潔白なのに盗みの嫌疑をかけられたとすれば、たしかにこんなことを言いそうだ、と思うのではないだろうか。しかしおそらく本当にやっていない場合、こうしたセリフを口にしているかもしれないけれども、「やっていない」ことを徹底的に主張しているはずだ。他方、ジャンの場合、説得セリフをいろいろ考え出し、自分はもっとすぐれた人間であるかのように演出している。

この種のセリフを聞いたら、それをそれとして認め、中立的な反応を示して相手の力を弱らせることが重要だ。こんなふうに賛成するとよいだろう。

「そうだね、きみの言うとおりだ。お店の人はみな、きみがよく働いていることを知っている。ほかの薬剤師もきみの働きぶりをほめている。私もおかげで助かっているよ」

そしてモノローグに戻るのだ。

「だからこそ、私たちはこの問題を解決する必要があるんだ。そうすれば、これからもいままでどおりうまくやっていけるし、みなもそうしてほしいと思っているんだよ。誰かを裁くなんてこと、私たちは求められていない。そんなことは考えちゃいけない。なぜ起こったのかを考え、解決して、また以前のとおりお客さんの役に立つことだ」

ジャンは戦略が思いどおりにいかなかったことに気づく。「私はそういう人間ではありません」と言って説得しようとしたのは無駄だった。やり方を変えるしかない。

説得セリフを中立的にするためのステップ

- ジャンに同意することで、「私はあなたの言葉をちゃんと聞いていますよ」ということを伝えている。
- 抵抗しようとしているジャンにとって、味方であるかのように振る舞うあなたの反応は意表をつく。あなたに納得してもらえた、と思うだろう。
- モノローグに戻ったところで「いやだ！　ぜんぜん納得してもらえていなかった」と焦る。
- 自分の説明が何の役にも立たなかったことに気づき、困惑するジャンは、どうすべきかを考える。真実を（一部なりとも）話すことも選択肢だと思うようになる。
・ジャンは武器を置いた。あなたの言葉に耳を傾ける気になっている。気づかぬうちに、「その場思考」モードに入っているのだ。

感情的な抵抗

戦略を変えるとするならば、感情的な抵抗を試みる可能性もある。泣く、激怒する、急に不安げになる、パニックになる、などだ。これを見せられたら、無視しにくいだろう。しかしそのせいで対応がぶれてはいけない。もしジャンが泣きはじめたら、泣いてもよいとして、そのあと優しく、しかし毅然とした態度を示し、「泣いてもうまくいかない」とわからせる。

「ジャン、きみが動揺しているのはわかる。私もしたくてそんなことを言っているわけではないんだ。このことできみに必要以上につらい思いをしてほしくない。泣いても何も解決しないよ。わかってほしい。動揺しても何の役にも立たないんだ」

そしてすぐにモノローグに入っていく。

怒りやパニックに訴える場合はそれより少し扱いが難しいが、それでもこちらが冷静を保てば収拾可能である。スーザンはかつてステラ（仮名）というCIA職員に対して定期的なセキュリティ再調査をおこなったことがある。機密情報の保護についての質問に何か隠しているような態度をみせたため、四度の面談となった。はじめの三度の面談のあと、スーザンを「脱色したブロンドの責苦の女神」と呼んでいたステラも、苦境に立たされていた。そもそもの性質からみて、こうした面談はどのような状況下でも難しいが、隠し事をしている人の場合、難しいだけでなく心底疲れ果てるものだった。四度目の面談で、ステラが機密文書の扱いで著しいミスを犯したことがわかった。そこでスーザンは引き出しモードに移った。「こうしたケースは何度も見てきたわ」としっかりと落ち着いた声でモノローグを進めた。気遣いにみち同情的な口調だった。しかし望むような結果を得られなかった。ステラは「たくさんよ！　もしこれ以上続けるなら、七階にあがって――幹部のオフィスがある――バルコニーから飛び降りてやる」と叫んだのだ。

スーザンは臆さなかった。

「認めるのはつらいと思うわ。でも落ち着いて冷静に考えなければ解決できないの。何がどうして起こったのか、話して。このことが解決したら、先に進めるでしょう」

そしてモノローグに戻った。

説得セリフの場合と同じく、ここでも伝えるべきポイントは簡単だ。「そんなことをしても役に立たない。私を脅すことも、惑わすことも、揺さぶることもできない。あなたは別のプランを考える必要がある。私がそれを手伝いましょう」。

感情的な抵抗は扱いづらいかもしれないが、必ずしも悪いことではない。感情が爆発したあとほどなく、自白しはじめる例を何度も見てきた。感情は――怒りや攻撃はとくに――しばしば最後の手段である。それをおさめることができれば大きく解決に近づく。相手は抵抗を続けても無駄だと気づくだろう。

否定による抵抗

冒頭に紹介した「嘘をついている人には唇を動かしてほしくない」という言葉を思い出してほしい。否定して抵抗しようとするならば、未然に防ぐ必要がある。第5章でみたように、モノローグの間じゅう、集中して気持ちを込めることが重要だ。そうすると否定のサインにも気づきやすい。相手がモノローグを否定の言葉でさえぎろうとすると、「前にも言ったが……」「だから言ってるでしょう」という表現を用いることが多い。これを聞いたらさっさと先手を打とう。

ジャンが否定の言葉で話の腰を折ろうとしているとわかったら、あるいは彼女が先回りして、言葉で否定するなら、対応のしかたはいくつかある。まず、話をやめさせたいならば、一言、相手の名前を言うと効果的だ。コミュニケーションにおいて、人は自分の名前を聞くと、話すモードより聞くモードに自然と切り替わる。というのも一般的に、名前を言って人の注意をひくからだ。私たちは自分の名前を言われると、耳を傾ける。

次のステップは「ジャン、ちょっと待って」「ジャン、このことをはっきりさせましょう」というコントロールフレーズを使うことだ。これでやりとりがコントロールでき、すっとモノローグに戻ることができる。いつものように、これも口調を荒げず、穏やかに言わなければならない。大きな声をあげることでこの場をコントロールしようとすると、対決のような雰囲気になる。やりにくくなるだけだ。

三つめは万国共通の合図、つまり片手をあげることだ。片手をあげるのは自衛のしぐさであり、攻撃的に突き出したり人の目の前に振り上げたりはしない。偉そうにすることもない。片手をあげるしぐさはコントロールフレーズを視覚的に補強する。これは自分が思う以上に効果的だ。というのもこれは言葉の戦いであり、相手に話をやめさせることはつまり相手の武器を奪ったことになるからだ。中世では、剣の戦いだった。荒野では拳銃だ。剣を叩き落された騎士、こめる銃弾のないカウボーイは両手をあげて降伏するしかない。もうどうすることもできないのだ。言葉での戦いであれば、もし相手が話すことができない場合、同じ無力感を味わわせ圧倒できる。一方的な戦いとなるのだ。

カリフォルニアの保安官事務所から、数年間のわれわれのトレーニングを受けた数名の取調官が後日連絡してきて、こんな話をしてくれた。「ギャングにつながる窃盗団をついに解体しました」という。ギャングのメンバー、カール（仮名）に、倉庫に侵入し一〇万ドル相当のデスクトップコンピュータシステムを盗み出したことを認めさせたのだ。

取調官の監督は、カールを面談するのはまったく意味がないと主張していた。カールはギャング団のなかでも頑なで、一切話をしようとしなかったのだ。取調官が「しかし試す価値があります」と言うと、やむをえず折れた。自白を引き出したと知り驚いた監督は、「どうしてそんなことができたのか」と聞いた。そして面接室に戻り、カールに自白の理由を尋ねた。

「あんたが手をあげたのをみて、嘘をつけないとわかった。ゲームオーバーだと思った」

何も言えないなら、拳銃での戦いにナイフを持っていくようなものだ。勝ち目はない。

抵抗は形だけでなく、それが現れるタイミングもまちまちだ。面談が始まる前に示されることもある。就職の適性面接であれ、犯罪がらみの尋問であれ、ほかの面談であれ、このプロセスに抵抗すると決めたなら、この状況の進み具合を遅らせるかコントロールしようとするだろう。『フォーチュン』５００社に載る大企業の取締役ノーマン（仮名）の場合もそうだった。

ＣＩＡに入ってまもないころ、フィルは政府の契約にノーマンの会社を適当とみなすかどうかに関する案件を担当した。契約下でおこなわれる仕事の性質上、ノーマンをはじめ会社の取締役は安全検査を受ける必要があった。ノーマンの場合、問題なのはバックグラウンドの調査で、外国人の知り合いがいたことだ。義務があるにもかかわらず政府に報告していなかった。これは深刻な状況だった。ノーマンは外国籍の人間とのつき合いについて政府に嘘をついていたのだ。フィルの仕事はノーマンにそれを認めさせ、関係の性質をつきとめ、なぜそれを黙っていたかを究明することだった。

客観的にみて、この対決ははじめから勝負あったと思われるかもしれない。フィルは若く比較的経験も浅い。対するのははるかに年季の入った取締役で、指示を出し従わせることに慣れている。どんなビジネスの場であれ自分の支配力を主張することはいわば習性になっていた。ノーマンは部屋に入るなり忙しそうにしている。

フィルは自己紹介をして椅子を勧めた。黙ったまま、拒否するような視線でノーマンは振り返った。ドアのフックにハンガーがかかっているのを見つけると、ゆっくりとドアのほうに戻り、わざと丁寧にコートを脱ぎ、ハンガーにかけ、そうしてやっと腰を下ろした。フィルを見て、「こんなことを話している時間はないんだ」と言った。部屋に入ったときはあんなにのろのろ動いていたのに。

ノーマンはこの面談に敵対したアプローチで臨んでいる。そして「アクセスコントロール」戦略でそのアプローチを追求していた。目的はアクセスを遅らせることでこの場をコントロールすることだ。理屈で考えると、フィルがノーマンにかける時間が短ければ短いほど、成功する確率は低くなる。つまり、ノーマンはとにかく不安がっているということだ。おそらく死ぬほど怖がっている。

フィルは、ノーマンの状況はおそらく二つのうちどちらかのシナリオが含まれている、と思った。その外国人の知り合いというのは恋人か、あるいは国際的なビジネスのつながりだろう。ノーマンの不安の大きさを考えると、前者に違いない。ノーマンは結婚している。外国人の恋人がいると認めなければならないとすれば、不安が大きくても辻褄が合う。単なるビジネスのつながりとは思えない。

問題は、ノーマンが既婚者で外国人の恋人がいるということではない。それを正直に話さず、秘密にしていたことだ。フィルの側では、この手の場面で真実を引き出すのに必要なツールは備えていた。彼が用いたのは古典的なモノローグだった。

「まず、ノーマン、この手のことはしょっちゅう起きるんです。『しょっちゅう』というのは、この状況にいる人の数が多い、という意味ではなく、組織の上だろうと下だろうと関係なく、誰にでもある、という意味です。まったく無関係でいられる人などいませんよ。人間の問題であり、関係の問題でもあります。人が話題にしにくい問題ですよ。まさかと思うかもしれませんが、自分のポジションをあえて危険にさらすようなことをしていながら、その話をしたがらない人もいます。こちらが何か判断を下すのではないか、と思い込んでいるのでしょう。しかしわれわれには法的に言ってそんな権力はありません。道徳的な判断を下すこともないんです。そんなことには何の関係もない。われわれが理解することはスパイ防止活動がらみです。しかしこの手の状況でスパイ防止活動問題が関係しているケースはめったにありませんよ。いいですか。ラスベガスにいるとしたら、『悩みが何であれ、思い悩む必要はない』に八〇パーセント賭けますね」

ノーマンは真剣に聞いていた。そして言われたことを考えていた。フィルの穏やかで共感するような声、温情のある調子には心がほぐれるのを感じた。

「ノーマン、何も責めているわけではありません。解決しようとしているだけです。CIAのディレクターがいまここに来たとして、この状況について確かなことは何かと訊かれたら――ただ一つ確かなのは、表面化している問題だけでなく、あなたが何かにひっかかっている、ということです」

フィルは試したのだ。もしこのセリフに抵抗がなければ、二つのことがわかる。まず、恋人の件は正しいということ。もう一つは、告白を引き出せそうだということである。ノーマンが自分は何か隠しているという前提に抵抗しないならば、話は終わったも同然だ。

ノーマンはうなずいた、「ああ」。「では、何にひっかかっているか話してください。解決して、この問題を終わらせま

抵抗の三つのタイプ

- 説得セリフによる抵抗
- 感情的な抵抗
- 否定による抵抗

否定されたら

- 相手のファーストネームを使う
- 場をコントロールする言葉を使う
- 片手をあげる

しょう」。

フィルは安心させるように言った。ノーマンは外国人の恋人について話した。フィルは若くて比較的経験も浅いにもかかわらず、そしてノーマンは世間慣れして状況を管理する能力に優れているにもかかわらず、フィルは真実を引き出した。ノーマンがこんなふうに白旗をあげたという事実を、フィルはいまなお忘れることができない。この聴取が成功したのは自分の能力でなくこのプロセスの力だ。フィルはそれを知っていたし、効果の大きさに感じ入った。今日までこの畏敬の念は弱まっていない。

結局、ノーマンは人物調査に合格した。これはフィルにとって、今回の勝利よりも大きな意味をもった。

- 説得セリフを聞いたら、それを認めること(中立的な反応)で相手の力を弱らせる。
- 怒りや攻撃などの感情は、相手の最後の手段。これをおさめられれば、解決は近い。
- 人は自分の名前を聞くと、話すモードより聞くモードに自然に切り替わる。
- 「前にも言ったが……」「だから言ってるでしょう」は否定のサイン。
- 片手をあげるしぐさは、コントロールフレーズを補強する効果がある。

Going for the Gold: Collecting Nuggets of Information

8 相手の発言を聞き逃さない

ジャンの取り調べでモノローグを進めるとき、ある時点で、どこまで進んだかを確かめるべき時が来る。ジャンを説得し、「鎮痛剤を盗みました」と認めさせるのがゴールだとして、いまどこにいるのかをチェックしなければならない。最もよいタイミングは、相手が同意のサインを示したときだ。つまり、モノローグで言わんとしていることに相手が賛成を示したら、チェックする時だ。言葉で同意するとはかぎらない。「問題を解決する唯一の方法は事実をすべて明らかにすることだ」と言われて、同意してうなずくこともある。一方、言葉で示される場合もある。こちらが合理的な言い訳を示したり不利な結果を最小限に抑えたりするのに対して、「ええ、最近たいへんだったの」「そうよ、私は悪い人間ではないわ」などと合意するかもしれない。

では進行具合をどうチェックしたらよいか。このように簡潔に言うとしたらどうだろう。

「わかった。ジャン、教えてくれないか。鎮痛剤を取ったのかい?」

これには問題がある。非常に重大な問題である。このセリフからは、まだ彼女が取ったかどうか知らないということ、彼女にはまだ否定するチャンスがある、ということが伝わってしまう。彼女にしてみたら、まだ戦える、まだ勝てるというわけだ。

「やったのか」という質問をぶつけるかわりに、推定質問*を用いてみよう。推定質問とは、読んで字のごとくである——議論あるいは取り調べをしている事柄に関して何かを推定することだ。この場合なら、推定質問はこうなるだろう。「ジャン、鎮痛剤はいまどこにあるんだい？」あるいは「ジャン、手元にはどれだけ鎮痛剤があるんだい？」

彼女がとりうる対応は二つある。一つはすぐに抵抗すること。この場合はすぐにモノローグに戻る必要がある。もう一つは望む目的、つまり真実に至る道だ。彼女がこちらで応じたら、すぐ情報収集段階に進むべきだ。

心にとめておいてほしい。ジャンを叱ったり罰したりしないように。「本当にごめんなさい。あんなことしなければよかった」と言うのならば、「やったのはわかっていた」とか「早く言ってくれたらお互い時間を無駄にしないで済んだのに」とか悪しざまに言い返したくても、抑えなければならない。情報収集が始まったら、ジャンが話すことにしてよかった、と思うことが大事である。そうすれば本当のことを話しつづけるからだ。

聞き手側は、ジャンの告白に報いることを忘れてはならない。シンプルな言葉が効果的だ。たとえば「ジャン、ありがとう。勇気がいっただろう」という具合に。相手に勝った、といううれしさは見せてはならない。横柄な言い方ではなく、相手に寄り添うような口調で話すべきだ。「難しいと思うが、話したのは正しいことだった」と。被告側弁護士は異なる主張をするだろうが、真実を言うことはやはり正しい行為だ。いずれにせよ、彼女が先々のことまで考えるのは望ましくない。あくまで「その場思考」モードで考えさせることだ。先の結果を悪く考えさせないのも役に立つ。「これが世の終わりじゃない。明日はまた日が昇る」。

8 相手の発言を聞き逃さない

取り調べにおいて相手の自白に報いる言葉は、さらにきめ細かく考える必要がある。というのも、本当のことを相手にどんどん話させるうえで、報いる言葉は重要だからだ。自分は報われている、と感じるときにどれほど多くの情報を話してくれるか、私たちでさえ驚くことがある。

少し前に、スーザンは就職希望者ハリエット（仮名）の適性検査面接を行うために呼ばれていった。自営の請負業者としてさまざまな雇用者とやりとりがあり、何年もの間、定期的に人事による就職面接を受けていた。ハリエットはいつもこうした面接では問題なく切り抜けていた。スーザンもスムーズに行くと思っていた。しかしそうはいかなかった。ハリエットは朝起きることができずに何度もクビになっていたのだ。「深夜テレビを見るのが好きだから」とはじめ主張していたが、やがてアルコールとドラッグのせいだと認めた。さらに数年前、コカイン中毒になり、子どものネグレクトを叔母が福祉課に報告したという。「イライラすると、いまでもマリファナとコカインを使ってしまう」ことも認めた。どこで入手するのかと訊くと、どこの市でも、街中でディーラーの顔を見ればすぐにわかると答えた。約一年前、ドラッグを買っているさなかにライバルのディーラーに狙われたこともあるという。一時間弱続いた面談でハリエットはすべてを告白した。

すべて終わると、スーザンは「どうして話す気になったの？」と尋ねた。これまでの面接では一つも出てこなかったではないか。ハリエットは、「これまで受けてきた人事部の面接では、アルコールやドラッグの問題があるかと訊かれて『いいえ』と答えればそれで済んでいました」と答えた。しかし今回、はじめに否定したがその先を聞いてくれ、どんどん情報を話していくうちに、自分が楽になっていった。また、スーザンは「正直に話してくれてありがとう」とさえ言ってくれた。シンプルな「ありがとう」を聞く喜びは、それ自体がある種やみつきになるのかもしれない。

「ありがとう」以外にも協力的な態度に報いる手段はある。ちょっとした機転で演技することも役に立つ。

スーザンは元特殊業務オフィサー、ケヴィン（仮名）の適性面接をおこなったことがある。長年にわたり、高度の機密情報にかかわる人物調査をパスしてきた。しかし面接では、ケヴィンがアルコールを好むことがわかった。性的倒錯に関する標準的な質問に動揺していることも明らかだった。ケヴィンはこれらの質問に対して、何か隠すような態度を示した。そこで性的倒錯問題の根底を探るため、スーザンは取り調べモードに移った。ケヴィンはついに、飲んでいるとき何度となく不適切な性行動をしたと認めた。スーザンは自白に報いて、ケヴィンの「男」を強調するスタイルに調子を合わせた。

スーザンはインタビュアーとしても取調官としても優秀であるが、女優としてもまた優秀だ。いまは役を演じる時だ——完璧なタイミングで、最後まで真に迫った演技をしなければならない。

「どんなことをしたんですか？　お酒を飲んでいるときにしてしまって、奥さんに最悪だわと言われたのはどんなこと？」

ケヴィンは一瞬黙った。

「ああ……このことをいま話すのはちょっと……このことは話したくないんだ」

「お願い。この手のお話はほんとにいろいろ聞いているから、どんなことを言われても平気よ」

安心させるように言った。

ケヴィンは折れた。話を聞くと、スーザンは間違っていたことがわかった。どんなことを聞いても驚くまいと思っていたが、これには驚かされた。

「うん……妻はこのことは知らないんだ。もし知ったら殺される。通っているバーがあるんだが、ときどきそのバーに行って、ズボンをおろして、ペニスを出すのさ」

あいにく、この仕事では「情報が多すぎる」ということはない。スーザンはひるまなかった。

「こんな話は珍しくもないわよ。もし今日、バーでズボンを下ろしてペニスを出したという人がもう一人いたら、ちょっと考えてみてもいいわ」と言わんばかりの無関心を装っていた。面接はそのあと早々に終わった。二人の間の空気は最後までとげとげしさがなかった。

「よし、次はなんだい」

スーザンが荷物をまとめて立ち上がろうとすると、ケヴィンは言った。

「一週間から一〇日の間に連絡がいきます」

ケヴィンがポジションにふさわしいかどうかを判断する必要な情報はそろった。ケヴィンは尊厳を失わなくて済んだのだ。

ジャンが自白の道を選んだいま、次の課題は事情聴取だ。最初は鎮痛剤を盗んだことを掘り下げたくなるかもしれないが、それはすべきでない。あとでもできる。せっかくいま、「その場思考」モードにいるのだから、それをフルに生かして、件の鎮痛剤より大きな問題がないか探る必要がある。

「ジャン、ありがとう。話すのは難しいことだと思うよ。しかし大丈夫だ、これで人生が終わるわけじゃない。ひとつ聞いていいかな。ほかにこういうことは何度かあったかい？」

ジャンは窮地に立たされた。明らかに動揺していたが、勇気を振り絞って、いちど麻酔性鎮痛剤（バイコディン）を数錠盗んだと認めた。隠しておきたい情報はほかにもあったのだ。ということは、まだほかの情報もあるかもしれない。「バイコディン」の自白はいわば崖っぷちの告白だ。ジャンはおそらく「鎮痛剤のこととバイコディンのことは話してもいい、でもあれとあれとあれは黙っていよう。あのことまで全部話したらクビになってしまうから」と考えていたのではないだろうか。崖っぷちにいる人はそう考える。もしもう一歩後ろに下がったら、それでおしまい。

取り調べる側の仕事は、崖の渓谷にあるものを探ることだ。ジャンがバイコディンのことを正直に話したら、受けとめ、報いてやり、聞かなかったかのように平然と先に進めるのがよい。情報収集プロセスで大事なのは「ほかには」という言葉である。一つ告白があったらすなわちもう一つ別の崖があるとみて、裏側に何があるのかを探りつづける。もし隠すような態度を示したら、モノローグに戻る。何か認めたら、報いてやる。ほかに何もなくなり、隠しているような態度がすっかりなくなるまで続けるのだ。一つの問題に深くのめりこんではならない。情報の小さな塊を探そうとするとよい。大きなデータの塊を求めているわけではないし、ひっくり返るような告白を聞きたいわけでもないと思わせる。そして、情報の小さな塊が全部そろって、いよいよ深く探る段階になったら、最初に戻ってはならない。まず、最後に聞いた告白から始めよう。いちばん隠しておきたかったことは、最も重大な問題であるはずだ。

これらの情報の塊を集めながら、相手の話に真摯に向き合うことを忘れないように。第6章でみたように、相手と深くかかわることは、誠実であるという印象を与えるうえで不可欠だ。そしてこのことが、相手に本当のことを話してもらう際に役立つのである。相手が話す情報を聞き逃さないという点からも、相手に深くかかわることは大事である。

スーザンはマーヴィン（仮名）の就職にあたり適性面接をおこなった。この面接で、彼は「六年前に高校を卒業しました」と言った。この種の面接ではありきたりの情報であり、もし面接官が真剣に向き合っていなければ、頭の中で積み上げられる情報の山に埋もれてしまうだろう。スーザンがドラッグ使用の問題を取り上げると、マーヴィンは五年前にコカインを使っていたことを認めた。スーザンは先に示した理由で、スーザンはその告白を深く掘り下げず、聞いていなかったかのように受け流した。そしてさらに質問を続け、マーヴィンがほかにどんなドラッグを使っていたか、何回使ったのかを明らかにしていった。もうこれ以上崖がないとわかると、コカインの使用の話題に戻り、深く探っていった。どんなときに使うのかと尋ねると、マーヴィンは「高校のホッケーチームの仲間と、五年に一度の同窓会でコカインを使った」と言った。しまった！　スーザンが次に聞くまで、マーヴィンは自分がへまをしたことに気づかなかった。

「なるほどね。教えてほしいんだけど」声に抗議の色を見せずに言った。「さっき、コカインを最後に使ったのは五年前だと言ったでしょう。六年前に高校を卒業した、とも話しましたよね。五年に一度の同窓会でコカインを使ったとしたら、どういうことなのかはっきり説明してくれますか」

マーヴィンは出口がないと知った。謝り、五年前ではなかったことを認めた。実際、コカインを最後に使ったのは二か月前だった。もしスーザンが相手にきちんと向かい合っておらず、六年前にマーヴィンが高校を卒業したという一見重要でない事実を聞き流していたら、真実は隠されたままだっただろう。


断崖といえば、もしあなたが女性で、新しい車を買う経験をしていたら、崖から飛び降りる感覚がおわかりだろう。恥知らずなセールスマンは全力でこの状況につけこみ、契約させようとする。彼らは自分のほうが客よりも有利な立場にある、と承知しているのだ。これほどイライラする買い物もないかもしれない。秘訣は形勢を逆転させ、「崖っぷち」を自分のために利用することだ。

少し前、スーザンは新車を買いたいと思っていた。最初に行った代理店では、まるで店が客に敵愾心でももっているかのような印象を受けた。広告によると、この代理店で某モデルがセールになっている。このスペースに並ぶこのモデルの車には非常に魅力的な低価格がついていた。セールスマンはスーザンをスペースに案内した。並んでいる車は、最近の雹《ひょう》の嵐で程度の差はあれ、どれもひどい損傷を受けていた。「変だわ」とスーザンは思った。広告には雹の被害など一言も書いていなかったのに。それで「セールに出ているのはこれだけですか？」と聞いた。

8 相手の発言を聞き逃さない

「いいえ、ほかにあります。ご覧になりたいですか？」

「けっこうです」とスーザンは言って店を出た。

次に訪れた代理店は客の罪悪感に訴える作戦をとっていた。どうやらこれはとりわけ女性に有効な作戦らしい。試乗の後、セールスマンは「この車でご自宅にお帰りになり、一日二日乗ってみませんか」と言った。スーザンは断ったが、セールスマンは頑固に「ぜひ、乗ってみてくださいよ。いったん経験したら、返したいとは思わなくなりますよ」。

スーザンは折れた。自分の車を代理店に残し、新車で家に帰った。翌日その車を返しに行くと、セールスマンはうれしそうに出てきた。

「お車に合ったものを新車に運ばせましょう」

「待ってください、まだ買うと決めたわけではないです」

さっきまでにこやかだったセールスマンは、傷ついたような表情を浮かべた。裏切られた、とでもいうかのようだった。しかしそんなことをしても意味はない。スーザンはピシッと「そういうやり方はやめて」と言った。

らちのあかない不愉快な経験がさらに続いたあと、スーザンはセールスマンの策略を未然に防ぐべく完全に準備をしたうえで次の代理店に行くことにした。メーカーとモデルを決め、オンラインで顧客から最も評価の高い代理店を探し出し、必要な追加装備とそうでないものを決め、セールスコミッションのしくみも調べた。

代理店に着くと、スティーブ（仮名）というセールスマンが近づいた。スーザンはあるモデルの車が気になるんだけどと言い、「下取りでいくらになる?」と訊いた。スティーブはスーザンの車を査定し、コンピュータを叩いて「一万ドルです」と答えた。

これは最初の崖だった。この金額は下取り価格として最高かもしれないし、そうでないかもしれない。試してみなければ。そこで、スティーブの答えが聞こえない振りをして言った。

「あまり乗っていなくて、調子もいいでしょう。下取りでいくら?」

スーザンが聞くと、スティーブはためらった。

「当店は下取りに関してお客さまから非常に高い評価をいただいています。ほかに行かれても、これ以上のお値段を提示する店はありませんよ」

この説得セリフに、スーザンは上乗せの余地があると考えた。スティーブに値段をあげさせるため、ちょっとしたモノローグを始めた。

「時間を無駄にしたくないのよ、あなたを怒らせるつもりもない。でも予算を決めてやっているの。いくら払ってもいいというわけにはいかないわ。お店のセールスがすばらしいと聞いて、このお店に来たのよ。友だちも言っていたわ。セールスの人たちが本当にお客のことを考えてくれるって。下取り価格をもう少し上げてくれるなら、本当に助かるんだけど」

スティーブは簡単にいくと思ったが、彼女は手ごわい客だった。最終的に、下取り価格は一万二五〇〇ドルに上がった。今度は、新車の店頭表示価格からいくら値引きしてもらえるかだ。また崖っぷちの場面がくり返され、結果的にスーザンは当初考えていた最高のパターンに近い値引を勝ち取った。

スティーブもなんとか挽回しようとした。特別保証、メンテナンス、ロードサイドアシスタントのパッケージを勧めてきた。

「とくに女性のお客さまですから、整備不良のせいで危険な場所で車が故障したらいちばん困りますよね。このパッケージでしたら、車を運転されるとき、いつでも安心です。私がお売りした車でいつも安全でいらっしゃるとわかれば私もうれしいですし。年契約ですので、一年後に要らないと思われたらキャンセルできます」

スーザンは「とくに女性ですから」という侮辱は受け流したが、別の点を突っ込んだ。

「もし最初の一年パッケージを買ったらあなたにコミッションが入るのでしょう」

スティーブはその言葉に驚いたようだった。

「まぁ、そうですね」

「一年後にキャンセルしても、コミッションは受け取れるの?」

スティーブは間を置いた。おそらく考えているのだ。「店にブロンドが入ってきても、まっしぐらに行くべからず」。

「そうです」と彼は認めた。先の「私も本当にうれしいです」というくだりが、いまではなんとも間抜けに思えた。スーザンはパッケージを断った。お得な買い物を終えて、店を出た。

●叱ったり、罰したりしない。
●告白や協力的な態度には、シンプルな言葉（「ありがとう」「勇気がいっただろう」）で報いる。
●横柄な言い方ではなく、相手に寄り添うような口調で話す。
●相手の告白は、受けとめ、報い、聞かなかったかのように平然と話を先に進める。
●「ほかには」という言葉で、さらに深く情報を探りつづける。
●いちばん隠しておきたかったこと（最後の告白）は、最も重大な問題をはらむ可能性が高い。

9 嘘も方便

ワールドカップの通訳をしていたリーにＦＩＳに通じていたことを告白させた場面で、フィルは「前からフォーランドに行きたかった」と言った。完全な作り話だが、情報をうまく引き出すために不可欠な率直さや共感を示すうえで、作り話というのはじつは非常に有効な手段である。

まず強調しておく。面談や取り調べにおいて、どんな作り話でもよいわけではない。厳しい制限が必要である。作り話をするのは、私たちの率直さと共感をわかってもらい、相手が心を許して口を開く気にするという目的のためだけだ。その制限はぜひとも守らなければならない。それを無視して相手をひっかけようとしたら逆効果になりかねない。取り調べ中、容疑者に「目撃者がいる」とかまをかけるとする。「誰のことだ」と訊かれたら、どうなるだろう。一瞬答えに窮したり答えなかったりすれば、「なんとしても犯人にするつもりだな」と思われる。これでは敵対関係になり、うまくいくものもいかない。はっきりさせておこう。ただの「はったり」と「ひっかけ」は違う。

ひっかけは、第6章で述べたようなマインドウィルスの引き金となるように考えられた推定質問である。私たちはこのタイプの質問をよく用い、効果を上げている。ひっかけ質問ではたとえば「あの日、きみがダンのコンピュータの前にいるところを見たという人がいるんですよ。どうしてでしょうかね」というように、「どうして」というフレーズをよく用いる。それもそのはずで、やましいことがないならば躊躇なく答えるだろう。他方、何か隠している人であれば取り繕おうとする。言い訳を考える時間から事が露呈するのだ。

取り調べ中の事件について事実を歪曲してはいけない。モノローグの出だしで、正直に答えたら不利になると思わせまいとするあまり、本当かどうかわからないのに「やったことは罪には当たらない」などと思わせてはならない。また、できもしない約束をすべきではない。自白したら何かしらの見返りがあると保証するのもダメである。

以上を理解していただいたうえで、マイケルがモノローグに作り話を用いて効果を上げた例をお話ししよう。取調官としてのキャリアをスタートさせたばかりのことだった。

一九七五年。マイケルは小隊長兼在韓文献隊指揮官を務めて米国陸軍を円満に除隊したばかりだった。シカゴで、大学院の理学研究科修士課程で嘘発見のメカニズムを研究していたのだが、実技は厳しく、毎回途方もない緊張を味わった。ベテラン講師が目を光らせる前で、取り調べをおこなう。そして翌日午前の授業で、容赦なくダメ出しをされるのだ。

マイケルにも、第一回の取り調べがまわってきた。簡単な事実を教えられ、ドナ（仮名）という若い女性から話を聞くことになった。ドナはシカゴの某薬局に勤めており、一年間にわたり総額三万ドルを横領したという容疑がかけられていた。捜査によって、ドナの母親が癌にかかっていることがわかった。医療保険に入っていなかったため、医療費はあっという間に膨らみ、巨額の借金がのしかかった。この事実を知って、マイケルはほっとした。もちろん、家族の借金苦が言い訳ではない。ドナが横領した動機がすぐ読めたからだ。かりに罪を犯すことが正当化できるとするならば、母の命を救うための横領こそ最も同意を得やすいだろう。

翌日、講師たちから厳しいコメントが飛んでくるとわかっていたので、マイケルは第一印象で差をつけようという気持ちになっていた。その前日、薬店の警備員による聞き取りがおこなわれていたが、はかばかしい成果はなかった。そこで、今回はいささか例外的なやり方を試みることにし、取調べモードに切り替えた。

マイケル　変な言い方だとは思うけど、きみが羨ましいよ。

ドナ　羨ましいなんて……どういうことでしょうか。私、三万ドルを盗んだって言われてるんですよ。

マイケル　それはそうだ。でも聞いてくれるかい。この話はこれまでめったに人にしたことがない。同僚にも打ち明けたことがない話だ。

雰囲気を盛り上げるようにじっくりと間を置いてから、マイケルは低い声で話を続けた。

マイケル　僕の母は、僕を産んだとき亡くなった。（再び間。マイケル、目に涙を浮かべる）誕生日が来るたびに、どんな思いがしたかきみにわかるかい。僕の命とひきかえに犠牲になった母のことを考えない日はなかった。毎日、母にもらった命について考え、母が生きていたらどんなにうれしいかと思ったよ。母の優しい手を僕は知らない。えらいわね、と見つめられることも。母がどんな声で話すのか、どんなふうに笑うのか……何も知らないんだよ。父が話してくれることが頼りだが、父も話そうとしない。なんだか、母が亡くなったのは僕のせいだと責めているんじゃないかと思えてしまうんだ。いや、それはもういい。でも、母に「お母さん、愛してるよ」と一度も言えないことがどうしてもつらいんだ。

（マイケル、なんとか落着きを取り戻し、話を続ける）

マイケル　人の金を盗むのは正しいことではないよ。そんなこと言われたことはないかもしれないが。今回の事件がどうして起きたのか、僕にはわかる。

ドナ　違います……

（ドナ、否定しようとする。マイケル、片手をあげて制する）

マイケル　もう少し話を聞いてくれ。お母さんの病気のことは知っている。かわいそうに……でも、きみは僕と違うじゃないか。きみは二四年間、お母さんを愛してきて、お母さんの愛を受けてきたよね。いろんな意味でいまお母さんを失うかもしれないという状況は、本当につらいだろうね。僕の経験以上だと思う。きみには思い出があるからね。それが、僕にはないんだよ。

ドナはこらえられなくて泣きだした。マイケルの話に共感しはじめたしるしだった。

マイケル　僕が言いたいのはね、きみにはお母さんを助けられるということだよ。僕は一度も母を助けることができなかった。「羨ましい」と言ったのはそういう意味なんだ。きみたち家族が治療代で一六万五〇〇〇ドルの借金を抱えていることは知っている。ぎりぎりの生活をしながらお母さんの命を助けるため必死だったことも知っている。きみにもお母さんにも、悪夢のような毎日だっただろう。お互い必死に力を合わせて頑張ったんだね。きみたち母娘はまさに一蓮托生。自分は独りぼっちだと、何もしてあげられないと思っていたんじゃないだろうか。ねえ、今日、僕たちがここで引き合わされたのはきっと運命だよ。僕たちにはわかり合えることがあるだろう。きみのつらさを僕ならわかる。しかし、僕一人ではできない。きみが話してくれなければね。起こったことにいつまでもとらわれる必要はない。きみは前に、未来に向かって歩いていけるんだ。まだ二四歳じゃないか。これからだよ。きみなら大丈夫だ。きっと大丈夫だよ。

ドナ　（泣く）私……私じゃない、私じゃないわ。なんで……

マイケル　本当だ。なんで、と思うのはわかる。きみは間違いを犯したが、善人なんだ。重荷を下ろしたほうがいい。もう長いこと、長いこと背負ってきたじゃないか。わかっているよ。みんなもきっとわかってくれる。完璧な人間なんていないんだから。僕だって完璧じゃない。お母さんも、誰もね。そのことをちゃんと受け入れなさい。きみは自分に厳しすぎる。お母さんはきみを誇りに思っている。今日のことがあってもそれはきっと変わらないよ。善い人も、時にはよくないことをするものさ。どうだろう、きみのお母さんがもしここにいたら、本当のことを話してほしい、と言うんじゃないかな。

ドナ　そう思うわ……

マイケル　そうだね、そう言ってくれると思っていたよ。お母さんは正しい。きみも知っているよね。いや、いいお母さんだ。お母さんは、正しいことをする人になってほしい、と思ってきみを育ててきた。さあ、いま、正しいことをしなくちゃ……本当のことを話してくれ。きみは善人だ。善人じゃないなんて言わせないよ。

ここまできて、マイケルはいよいよ推定質問に入った。

マイケル　教えてくれないか。横領したのは服や宝石みたいなチャラチャラしたものが欲しかったからなのか、それともお母さんを助けるためだったのか。

ドナ　（黙ってすすり泣く。自供すべきかどうか考えている）

マイケル　協力してほしいんだ。このことをちゃんと話してくれたら、それですっきり片が付く。それはね、つらいと思うよ。さっきも言ったけれど、人間はいつでも間違いを犯す生き物なんだ。善人は間違いを正直に告白する。そういうときになって初めて、本当にどんな人なのかわかるのさ。みんな今回の事件がなぜ起こったのかはわかっている。きみはただ、お母さんを助けたかったんだ。お母さんをどうしても助けたかった。そうだろう?

ドナ (「はい」と言うようにうなずく)

マイケル 大丈夫。いいよ、さあ、終わらせてしまおう。

ドナ すみません。本当にすみません。すみません……ああ、私なんてことを。

マイケル すまないと思っていることはわかる。申し訳ないと思っているよね。よくわかる。正直に言う気持ちになったきみはさすがだよ。簡単なことじゃない。さあ、すべきことをやってしまおう。

取り調べは情報収集の段階に移った。

マイケル 今度の事件はどんなふうに起こったのか、最初から話してくれないか。一度の横領額はいちばん大きいときでどれくらいだった?

ドナは横領についてすべて自白した。しかし、じつはマイケルの母親はそのときネブラスカの田舎町で健在だった。幼稚園生から八年生までが通う小さな学校で教鞭をとっていた。亡くなったのはその取り調べから二九年もあとのことだった。

マイケルは五年後、自分が前に居並ぶベテラン講師側に回るとは思ってもみなかった。その学生の一人がフィル・ヒューストンだった。取り調べのトレーニングを積むべくＣＩＡからシカゴに送りこまれていたのである。当時のことをネタにして、フィルは「先生がたの教え方は本当に上から目線で、いじめじゃないかと思いましたよ」とマイケルを相手に笑うのだった。

- **作り話は有効な手段。ただし、心を許して口を開く気にさせる目的のためだけに用いる。**
- **推定質問（ひっかけ質問）では、「どうして」というフレーズをよく用いる。**
- **事実を歪曲しない。できない約束や保証はしない。**

10 対立や敵対は逆効果――人を裁くな

何年か前のこと。フィルとマイケルは住宅とオフィスの注文設計を専門とする建設会社の敷地に来ていた。二人を呼んだのは、同社の安全管理責任者サンディ（仮名）。会社の建設現場から高価な石材や建材を盗んだ疑いのある従業員がいる、事情を聞いてほしい、という依頼だった。盗んだ量を考えると、ほんの出来心で起こした事件とはいえない。どうやら組織ぐるみの犯行らしい。

容疑をかけられた従業員ジェイク（仮名）はそれまで「石材の窃盗にはかかわっていない」と関与を断固否定していた。しかしフィルとマイケルが会って話を聞くと、六時間もたたないうちに口を割った。ここで働きはじめてから二年で、数千ドル相当の建材を盗んでいたこと。そればかりか、ほかに一二名の従業員が同じことをやっているという。フィルとマイケルは結果をすべてサンディに報告した。サンディとしては、真相がわかってほっとした反面、そうなると従業員をほぼ全員クビにしなければならない。悩みはつきないが、当面の問題はジェイクである。金曜日で、もう時間も遅い。ジェイクを解雇するための書類が揃うのは月曜日になるだろう。とはいえこういう事情であるから、鍵と社章、会社の備品を速やかに返却させたい。そのあとジェイクを会社から護送してもらわないと――そうサンディは考えた。

「お願いできますか」

じつは、ジェイクという男、周囲がすくみあがるほどの体格の持ち主だった。身長約一九〇センチ、体重約一一〇キロ。ラインバッカーのような体格だ。この男が九〇キロもの大理石の板を楽々と脇の下に挟んで歩いていく姿を思い浮かべ、フィルとマイケルは顔を見合わせた。

「いやだよ。きみがやれよ」とフィルは言った。

「ダメだって。きみだよ」。マイケルは突き放すように笑った。

「あらまぁ……」

サンディがため息をつくと、フィルは笑顔で言った。

「大丈夫ですよ。ちゃんとやりますから」

二人は先刻の会議室に戻り、ジェイクを呼んだ。小さな会議用テーブルをはさんで座らせた。口火を切ったのはフィルだった。

「ジェイク、最初にいちばん大事なことを言っておきたい。きみはこの状況できちんと話してくれた。ありがとう。きみはいま、正しいことをした。きっと苦しかっただろうが、しかし正しいことだった」

ジェイクにマインドウィルスを植えつけていく。正しいことをしたのだから、この状況を乗り越えていける、と考えてほしい。

「この先がどうなるかはわからない。ここでの事件に判決を下すのは、われわれの仕事ではないからね。われわれの仕事は、何が事実なのかを把握すること。そしてきみが協力してくれた、と会社に伝えることだ。きみは本当によく協力してくれた。おかげでいろんなことがわかったよ。しかし、たぶんきみも予想しているだろうが、事が落ち着くには時間がかかるだろう。つまり、きみをここに呼んだのは、自宅でしばらく休養するように、と伝えてほしいと言われたからだ。申し訳ないが、会社の規則で、鍵と社章、会社の備品はすべてこちらに返してもらうことになっている。たいへんな一日だったと思う。週末はゆっくり休んでもらいたい。月曜日に連絡があるはずだ。今回のことはそれで全部解決するだろう。悪いが、きみの持ち物をとりあえず預かっておく」

「ああ、わかった。これだ」

ジェイクは苦い表情ではあったが、言われたとおり差し出した。

フィルとマイケルはジェイクを連れて従業員駐車場に向かった。門が閉まっていた。ジェイクが車に乗り込んだ。フィルとマイケルは門のところに行った。というのも、ジェイクは社章を返してしまったので、かわりに暗証番号を入力してやる必要があったからだ。門が開きはじめた。ジェイクはスピードを落として門に近づき、窓を開けた。まずい。フィルとマイケルはとっさに同じことを思った。拳銃だ！

車が止まった。ジェイクは二人を見上げた。拳銃はない。

「今日は話せてよかったよ。そう言いたかったんだ。こんな会い方じゃなかったらよかったなぁ。

しかし本当にうれしかった。ありがとな」

彼は窓から片手をのばし、二人と握手をした。車はそのまま走り去った。ジェイクは月曜日、解雇された。以来、ジェイクから連絡はなかった。

このエピソードからは、医学界でいわれる教訓がうかがえる。「害をなすなかれ」。従業員は解雇されたが、雇用主との関係において正当な権利は守られた。解雇された翌日、恨みをいだいた元従業員が武器を手に会社を襲撃したという話を思い出すまでもなく、正当な権利を守ることは重要だ。この場合、フィルとマイケルはジェイクに話したくないことを話させなければならなかっただけでなく、渡したくないものを返却させなければならなかった。二人はまさに同じメソッドを用いて、ジェイクを動かしたのである。

これがうまくいったのは、ジェイクにきちんと対応したからだ。叱りつけたりたたきのめしたりして、敵対関係になることはなかった。自分の非を認めなければならない状況はつらいもの。これほど落ち込む場面もないだろう。しかしジェイクはおそらく、自分がまっとうに遇されていると感じたはずだ。あの状況で、あれ以上の扱いはなかっただろう。正当以上の扱いだった、と思ったかもしれない。

「害をなすなかれ」。この言葉の核心にあるのは、「人を裁くな」という教えである。簡単にいうなら、取り調べの場面で相手を批判しても、いいことは何ひとつない。そんなことをしたら取り調べ自体がうまくいかなくなる。というのも、非難がましく思っていると、どうしても相手に対する

10 対立や敵対は逆効果——人を裁くな

偏見が態度に出る。偏見は真実を引き出すうえで邪魔になるだけだ。私たちはみな人間だから、失敗した人を非難したくなる。そうなりたくないならば、人生における基本的な真理を思い出そう。人はみな、時には善人も愚かなことをする、ということだ。

この真理はさまざまな場面で日常的に役に立つ。フィルがCIA初歩訓練課（「ファーム」）で保安責任者を務めていたときのこと。ファームではCIAの最も重要な活動もおこなっており、フィルのキャリアのなかできわめて重い意味をもつ任務であった。セキュリティはとりわけ重大であった。ファームには、間違いを犯しようのない人間のみが出入りできることになっていた。

ある日の午後、一人の女性職員がフィルに近づき、「気になることがあるのです」と話しかけてきた。安全な場所にお財布を置いたままランチに行って、戻ってきたら四〇ドルが抜き取られていた、というのだ。このときこの場所に出入りできた人間はロナルド（仮名）という職員一人。彼が何か知っているはずだ。財布からお金がなくなるというのはどんな職場であっても困った状況だが、ここはあらゆる機密情報が保管されている場所である。困ったなどというものではない。ロナルドがもし同僚の財布からお金を盗むことができるとしたら、ほかのものも盗めたということになる。

フィルはロナルドを部屋に呼び、報告されたことを伝えた。ロナルドは妙な反応をした。言われたことには何も触れず、「一緒に駐車場に来てくださいよ。見てほしいものがあるんだ」と言う。しかし、フィルはそれには乗らなかった。フィルが駐車場に行ってくれないとわかると、ロナルドは見せたかったものの話をした。トランクいっぱいに詰まった聖書だという。「教会の代理で、聖書を配っているんで」——つまり、自分は同僚の財布から金を盗むような人間ではない、という彼なりのアピールだった。

ところが、ロナルドにとって予想外だったろうが、善意の奉仕活動をしていると聞いても、フィルの気持ちは揺れなかった。真実を解明するプロセスにおいては、こんな立派な奉仕活動をおこなう人はいい人にちがいない、という好意的な先入観に惑わされてはいけない。一方で、信用されていながら同僚から金を盗むような従業員は悪い人間だという先入観も排除すべきだ。こうした先入観があると、ロナルドの行動につい批判的な目を向けてしまう。その結果、話を聞こうとしても敵対する空気が生まれ、ロナルドに盗みを自白させることはますます難しくなる。

批判はせず、フィルはモノローグを始めた。

「いいかい、まずここではっきりさせておこう。いまの状況をお互いにちゃんと理解していることが大事だ。いま問題になっているのは四〇ドルがどうなったかで、誰かが銀行強盗を計画しているなんていう話ではない。これは、じっくり計画を立てて故意におこなったものとは違う。魔が差したんだろう。だから、なぜそんなことをしたのかと聞いても、これだという答えは出てこないと思う。おそらく何か、ほかの人が聞いたこともないプレッシャーを感じていたんだろう」

反論はなかった。

「何が言いたいんだ」ロナルドが聞いた。

フィルは穏やかな口調に同情をにじませ、こうたたみかけた。

「ことお金に関しては、どうしてもパニックになるじゃないか。だから、こう考えてみるべきだと思うんだよ。子どもがいるんだろう。突然電話が入って、お子さんが事故にあいましたと言われたら、パニックになる。まともに考えることなんかできないからね。何をしていても、それがどんな大事なことでも、とにかく打ち切って子どものところに駆けつけなければ、ということだけ。それ以外は考えられないだろう。お金も同じだ。ときどき、人はしなければよかったと思うようなことをしてしまう。つい出来心でね。そのときまともに考えられなくなっているせいだ。いいかい。重要なことは二つ。すまないと思っているか、返すつもりがあるか。この二つの問題を話し合えたら、かなり解決できる。おや、ロナルド。顔が青いようだけど」

ロナルドは深呼吸をした。「うん……」

「申し訳ないと思っているのかい?」

フィルは優しく尋ねた。

「思っているさ」

ロナルドは財布を取り出し、二〇ドル紙幣を二枚抜いてフィルに渡した。話を聞いてからものの一〇分もかかっていない。もしフィルが事の重大さに感情をむき出しにしていたら、この結果は得られなかっただろう。ロナルドも同じように感情的になり、両者は激しく対立したまま平行線をたどったに違いない。

ロナルドは愚かなことをしたとはいえ善人だったから、クビにならずに済んだ。戒告を受け、この事件について記録は残ったが、キャリアが台無しになることはなかった。フィルが感情をはさまず、非難せずに話を進めたおかげで、ロナルドもきっちりと対応することができた。誤りを認め、後悔の念を示したからこそ、もう一度チャンスを手に入れることができたのである。

実際にはどのようにしたらいいのだろうか。取り調べの場面での心理状態を説明しよう。舞台に二人の役者がいると想像してほしい。役者Aと役者Bはお互いに逆の立場で、芝居ではAが悪事を働き、B（取調官）に「やっていない」ことを納得させなければならない。そのために、Aは嘘をつき、否定する。自白した結果が予想できるからだ。いまAにとってBは敵である。自分を追い詰めようとし、大事な仕事や家族を自分から奪いかねない存在だ。いたたまれない、顔を上げて表を歩けない気持ちになり、もしかしたら刑務所に送られるかもしれない。Bは自分の人生を破滅させかねない敵とみなされている。

まさに伝統的な取り調べがこのパターンだった。容疑者と取調官は対立し敵対した立場にある。しかしこの「VS」型の方法はどうみても逆効果である。初めからこのアプローチをとっていたら、真実にたどりつくとは思えない。

望ましいのは、取調官が容疑者の処遇を決定する側にいないことである。裁く側ではなく、調停者あるいは交渉人——刑事司法制度であれ、理事会であれ、行政であれ、経営陣であれ、組合であれ、教師であれ、親であれ、「権威」と当人の間にいる仲介者——とみなされることが重要なのだ。取り調べの芝居でいえば、取調官役の役者Bは、目の前の容疑者Aに「きみが自分で問題を解決するのを助けたい」と伝える。こうすれば、取調官はまっとうな結果を導き出す手助けをしてくれる友人として信頼されるだろう。はじめは敵意を覚えたとしても、すぐに収まるはずだ。

マイケルはかつて、重大な児童虐待事件の解決に手を貸してほしいと某警察部門から依頼されたことがある。これは、中立的アプローチがいかに効果的かを印象づける取り調べとなった。事の経

10
対立や敵対は逆効果——人を裁くな

緯はこうだ。トミー（仮名）から警察に電話があった。同棲している恋人の娘ベリンダ（仮名、八か月）が頭に大怪我をした、大きな酷いこぶができている、というのだ。救急車が到着すると、ベリンダの顔は真っ青で呼びかけにも反応しない。呼吸は浅く、脈もとぎれがちだった。

マイケルはベリンダの母親に事情を聞いた。娘が怪我をしたときは「福祉事務所にいたわ」と答えた。嘘はついていないようだ。次にトミーに話を聞いた。「どうしてそんな大怪我をしたのかわからない」と言うが、その態度を見て、マイケルは何か隠そうとしている、と察した。そこで取り調べスイッチが入った。しかし取り調べを続けている最中に、なんとこの事件で協力していた捜査官が突然部屋に入ってきた。どうやら取り調べが難航しているから、トミーをいったん釈放して考えさせよう、というのだ。

マイケルは呆然とした。いまトミーを「その場思考」に誘導したところで、いまにも自白しそうだったからだ。しかし、もしあれこれ考えだしたら、その場思考はもろくも崩れ、自白の可能性は永遠に失われてしまうだろう。捜査官はトミーに名刺を渡し、「じっくり考え直して、月曜日電話をくれ」と言った。トミーは立ち上がって部屋を出て行こうとした。いや、何かしなければ。いますぐに！　大怪我を負った女の子のために、犯人は法の裁きを受けるべきなのだ。その可能性がいま指の間をすりぬけていこうとしている。黙って見ているわけにはいかない。

「トミー、いま話せないわけでもあるのかい？」

マイケルは感情を抑えた声で言った。

「それは……怖いんですよ……だって……」

取り調べで、これは自白したに等しい。この言葉を聞けば十分だ。

「わかるよ。しかし考え直してほしい。もしいまきみがここを出ていったら、もう僕には何もできないんだ。いま僕がここにいるのは、きみと一緒に考えるためだ。きみはちゃんと話さなければいけない。今日……いま、話すんだ。自分のために。もっと大事なのは、ベリンダちゃんのためにだよ」

トミーは腰を下ろした。三人でしばらく話したのち、トミーは泣きだした。マイケルに顔を向けて言った。

「あんたは出来が違う。あんたならどうする？」

マイケルは助言を求めてきた息子を見るようなまなざしを向けた。「本当のことを話すよ、僕ならそうする」。

マイケルは優しく言った。

トミーは視線を落とし、ゆっくりとうなずいた。そして事件の真相を話しはじめた。

トミーはマイケルを味方だと思った。いまこの悪夢を乗り越える手助けをしてくれる味方だと思ったからこそ、話す気になった。そう、覚醒剤でどんちゃん騒ぎをした三日目、ベリンダの泣き声で眠れないことにイライラして怪我を負わせたのだ、と。

長いキャリアで、殺人犯、レイプ犯、児童虐待犯など、「こんな極悪な人間がいるのか」という思いを何度も経験してきた。トミーのような人間を見たのは初めてではない。しかし忘れていけないのは、マイケルがトミーに対して心から気遣っていたことである。事実、トミーに話したことはどれも本心からの言葉だった――トミーの気持ちをマイケルはちゃんと理解していた。トミーもそれを知って、人生最大の決定となるアドバイスを最終的にマイケルに求めたのである。

手錠をかけられ捜査官に引き立てられて取調室を出るとき、トミーはマイケルのほうを向いた。

「なんていう奴だと思っているだろうな」

声には苦しみの色がにじんだ。

「なんてことをしたんだとは思っている」

マイケルは答えた。同情しているふりをしても、トミーにはばれてしまう。

「だが、なんて奴だとは思わないよ」

10
対立や敵対は逆効果――人を裁くな

- 叱りつけたり、たたきのめしたりせず、きちんと対応する。
- 相手を批判しない。
- 偏見を捨てる。善人も時には愚かなことをする、という真理をつねに念頭に置く。
- 非難がましい気持ちがあると相手への偏見が態度に出る。偏見は真実を引き出す邪魔にしかならない。
- 感情をはさまず、非難せずに話を進める。
- 裁く側ではなく、調停者あるいは交渉人とみなされることが重要。

An Elicitation Case Study

11 ラルフの告白——こうして彼は口を開いた

一六歳の少女ジュディ（仮名）は、現地警察の女性通信指令係とのなにげないやりとりで、ある話をした。ジュディは警察探検隊（少年少女のための補助的な警察プログラム）のメンバーとして警察で働いていた。そこで軍の将校と性的関係をもったことを通信指令係に打ち明けた。ジュディは知らなかったが、通信指令係はその将校ラルフ（仮名）とつき合っていたのだ。

通信指令係は当然怒り狂い、警察署長にこの出来事を報告した。ラルフは二四歳。端正な顔立ちで周囲からも好かれていた。クルマの中で互いにマスターベーションしたという疑いをかけられたが、ラルフは猛烈に否定した。内部調査のあと、関係者はみな——警察署長、中尉、軍曹、弁護士事務所からの取調官——ラルフが本当のことを言っている、ジュディの話は完全にでっちあげだと信じた。ジュディの父でさえ、娘に「みなさんに嘘をつくなんて！　本当のことを言いなさい！」と叫んだという。

ラルフの性器を描かせると不正確で（詳細は省く）、行為がおこなわれた場所についても彼女の話には辻褄の合わないところがあった。何より取調官が嘘だと確信したのは、事件の詳細についての説明がいかにも淡々としていることだった。一六歳の少女であれば、もし本当のことならばレイプ被害者と同じような反応をするはずだ。ジュディが取り乱しもせず語る様子をみると、どうみても本当には思えない。しかしジュディは確固として主張を曲げなかった。

マイケルが登場したのはそんなときだった。ジュディから話を聞いてほしい、嘘を言っていると確認してほしい、と呼ばれたのだ。

長い一日になりそうだ。警察のある町まで車で四時間かかった。マイケルはジュディと早朝の面談を予定されていた。話が進むうちに、ジュディが落ち着いて話をしていた理由がわかった。彼女自身、ラルフのような男性にあこがれ、出会いを望んでいたのだ。トラウマなどまったく無縁だった。面談の間、マイケルは質問に対するジュディの言葉や態度を注意深く観察していた。そして確信のもてる結論にいたった。ジュディは本当のことを話している。ということは、ラルフの話を聞く必要があった。

ジュディとの面談の終わりに、マイケルは取調担当者とともに、オフィスにいる警察署長に会った。専門家の所見として、ジュディは本当のことを話していると言うと、呆然としたようだが、警察署長は迅速に行動した。ラルフは面談が終わるまで自宅で待機するよう有給休暇を与えられていたのだ。警察署長は電話を入れ、マイケルの面接を受けにすぐ来るよう指示した。

第6章で述べたように、相手の経歴や背景について、できるかぎりの情報を得ておくことは重要だ。面談が取り調べに移れば、この情報はモノローグに生かせる。マイケルはラルフが米海兵隊から円満に除隊していたこと、離婚していたこと、コミュニティで女好きとして知られていたことを知っていた。

経済的困難、アルコールやドラッグ依存、人間関係の問題、ひとり親家庭、スラム街育ち、肉体的虐待、人種差別、性差別、雇用問題、あるいは単なる不運も含めて、幸運でない生活環境を知ればば知るほど、効果的な取り調べを進めることができる。モノローグには相手の誤りについて合理的な口実を組み入れていくが、元となるのがこうした情報である。

面談の間、聞き手は有益な情報を得たらその後の取り調べで生かしていかなければならない。今回の面談では、ラルフの不品行が取調官からかなりきつい言葉で表現されていたことを知った。それを次のように活用したのである。

マイケル　あなたに対する申し立てを、どのようにして知ったのですか？

ラルフ　仕事に行く準備をしていたら、署長に会いに来いと言われたんです。私は考えました。署長のところに行く理由は二つしかありません。いいことをしたか、悪いことをしたか。署長の部屋に行くと、座らされて、このことを聞かされました。私がジュディにわいせつなことをしたと。何がなんだかわかりません。……こういうことです。

マイケル　彼は「わいせつな行為」と言ったのですか？　ずばり？

ラルフ　そうです。

マイケル　そうですか。かなり強い言葉ですね。

ラルフ　ええ。

マイケル　そのときどう思いました？

ラルフ　これで人生が終わったような感じ。こんな申し立てをされたら……もう何も考えられなかった。なんと言ったらいいか、わからなかった。

（マイケルは考えていた。「私はやっていない」と言わないのか？）

マイケル　なんと言ったのですか？

ラルフ　何も。外に連れていかれ、司法省の取調官と話したんです。

簡単なやりとりからマイケルは、この取り調べでラルフが乗り越えるべき心理的ハードルは、まず申し立てをきちんと見直し、「わいせつ」とは違う言葉で表すことだと思った。「不適切な接触」というような、より柔らかく、心理的に受け入れやすい言葉を使わなければならない。相手にとって心理的ハードルの本質を理解するもう一つの方法は、単純に「尋ねる」ことだ。以下のマイケルの例でもわかるが、推定質問はとくに効果がある。

マイケル　ジュディが言う事件が本当にあったとして、やった人は何を恐れていると思いますか？　そのことについて真実を話したくないという最大の理由は何でしょう？　最大の不安は何でしょうか？

ラルフ　私がしたとしたら？

マイケル　ジュディが話していることを、あなたでも誰でもしたらの話です。

ラルフ　こちらが大人で相手が未成年なら、罪になって刑務所行きとか。

まさに！　貴重な情報を探し当てた。ラルフの「ノー」を「イエス」に変えるために乗り越えるべき最大の心理的ハードルは、もし自白したら刑務所に行かなければならないという不安だった。マイケルはさまざまな情報から、ラルフが嘘をついていることを確信した。取り調べモードに切り替える時だ。転調セリフは「きみがやった」式だが、まずラルフが嘘をついているとわかった理由から始めた。

マイケル　基本的に、見た目や行動、話し方から、その人が嘘をついているかどうかがわかるんです。何かの行為をしたあと、本当のことを言うときと違うことを言うときでは、話し方が違うから。率直にいえば、今回あなたが示している言葉・態度からみて、そして取り調べそのものから考えると、あなたとジュディの間に性行為があったことに疑いはない。

ラルフ　（沈黙）

取り調べの間じゅう、「見る・聞くモード」*（Lの二乗モード）からはずれることなく、相手の言葉や態度を目と耳の両方で追わなければならない。このやり方を使うと真実と嘘が見分けやすいだけでなく、自分の推論が正しいか、自白への正しいコースを進んでいるか、というロードマップとしても役に立つ。この場合、ラルフは否定できなかった。つまり「彼が嘘をついている」という当初の考えが補強されたことになる。マイケルは正しいコースを進んでいるといえる。

マイケルはラルフに希望の命綱を投げた。ラルフはまだ抵抗を示そうとしていたから、モノローグに入っていった。

マイケル　聞いてほしい。言葉や振る舞いからみて、あなたは私が思う典型的な性犯罪者とは違う。似ても似つかない。誰が見てもあなたを恐ろしい危険人物とは思わないでしょう。

ずばり言うとしたら、私の直感では、おそらくすべてジュディから誘ったことで、あなたが仕向けたわけではない。あなたは何も無理強いしなかった、しかし一つのことが次のこと、また次のことにつながっていったんでしょう。われわれはみな判断ミスをする。しかし、あなたは法を執行する場にいる。この事件で何か悪い影響が出るということは望ましくないでしょう。あなたが素晴らしい警察官だということは話からよくわかりました。

私にはあなたの将来を台なしにしてやろうなどというつもりはない。先の取調官がもっと考えてくれたらよかったのに、と思いますよ。彼らは無意識にあなたを怖がらせ、本当のことが言えない状況に追いこんだ。「わいせつ」という言葉を使わなかったら、きっとあなたは正直に打ち明けていたと思う。あんな扱いでなかったら、きっとこう言ったでしょう。『ああ、私は愚かだった。あんなことをすべきじゃなかった』と。しかし彼らは業界用語を使って、私でも聞きたくないような話をした。あなたは仕事ではまだ経験がない。新人だから、こうしたことが明るみに出たらどうなるかわからない。自分が軽蔑されるのが怖いんでしょう。私が話をした人はみな、あなたを高く評価している。こんなつまらないことで評価が変わるわけではないんですよ。

もしジュディに何か強制したとしたら、もしアルコールを飲ませたりドラッグを与えたりそんなふうに無理強いをしたのなら――話はまったく変わってくる。しかしそうではなかった。ジュディが八歳か九歳だったらまったく話は違うけれど、もう一八歳になろうという子だからね。実際には大人だ。それに二四歳というのはそんなに年齢が高いわけじゃない。つまりあなたは彼女よりずっと年上というわけではない。

ラルフはうなずいて同意した。

マイケル　もし私がジュディと一緒にいたら――私はもう五一歳だからね――人から変に思われるとしたら、年齢がつり合わないということだろうね。数学は得意じゃないが、五一引く一六くらいはわかる。かなりの年の差だよ。それは、たしかに私にはひどくきまりが悪い。あるいは警察署長がジュディと一緒にいてもひどく妙なものだ。

私は結婚している。署長が結婚しているかどうかは知らないけれど、おそらくしているでしょう。しかしきみは結婚していない。こうしたことは職場ではしょっちゅう起こる。職場では

11

ラルフの告白――こうして彼は口を開いた

男女間の緊張はつきものだ。きみがジュディに性的魅力を感じていたという意味ではないですよ。そうではないとわかっている。きみが彼女を選んで誘惑したとか、追いかけ回したとかも言っていない。そういうことではないんだ。

実際、私の直感だけれど、彼女のほうが近づいてきて、きみに魅力があると思って、「車で家まで送って」と言ったんだろう？　きみはそれくらい罪のないことだと思った。そしてきみはいい人間だから、その裏には何もないと思ったんだね。家まで送って何が悪い？　ところが、あることがきっかけであれよあれよと話が展開していった。きみは大したことではない、単なる一夜かぎりの楽しみみたいに思っていた。どのみち大したことがあったわけじゃない。それで終わったんだから。ささいなことだ。そして数か月がたって、彼らが現れた。きみはおそらく完全に忘れていただろうね。突然、あの出来事が独り歩きしはじめた。ばかなことだよ。運がない。

彼らはこういうヘマなことで時間を無駄にしたくないんだ。これはほんとにつまらないことだからね。さっさと解決して次に進みたいと思っている。きみは先に進めるし、すべきことをする。きみには、まだこれからすべきことがたくさんあるはずだ。海兵隊から名誉除隊されたんじゃないか。キャリアに関しては何もかも順調だし、たぶんこれからどこか大学で教育も受けるだろう。大きな計画があるだろうし、これきり先がないなんて理由がないよ。

しかし警察で働くということは正直であることだ。もちろんこれから何が起こるか、人からどう見られるかがはっきりわからないときに、正直でいることは難しい。われわれはみな大げさに騒ぎ立てたがる。間違ったことをすると、うわさに尾ひれがつく。自分と無関係だと思えないんだよ。そういう話を聞くと、私たちは罪の意識を感じて恥ずかしくなる。

むしろ、事を大げさに言うのはいい人なんだ。いい人は自分たちに厳しい。きみも今回わかっているだろうが、気にしないのは悪い人間だ。自分がしていることは大したことじゃない、盗みもレイプも殺しも、どうってことはない、なんて悪い人間が考えることだ。彼らの世界では、そんなことは何でもない。あたりまえのことだ。しかし、きみや私の世界では、スピード違反だって罪の意識を感じる。起こったときはおそらくきみも悪いことをしたと思わなかっただろう。合意の上で、彼女もいいと言ったのだし、彼女も楽しんだのだから。何か強制したわけじゃない。きみは彼女を家まで送った。彼女はそれを友だちに自慢して言ったんだ。だから大したことじゃない。

この話がたまたま外に漏れて、彼らもちゃんと調べなければという気になった。未然に防いで、何よりもきみが人に強制するような人ではないことを確かめるためだ。次に、きみが五歳や六歳の子相手にこんなことをしようとする人間ではないということを。それこそ性的虐待だと思う。

さっきの話に戻ると、法の執行側にいるから、間違いを犯したときは歯を食いしばって耐えなければならないこともある。ここやほかの警察で働く人はみな、何かしら後悔するようなことをしてきた。しなければよかったと思うようなことをね。私たちは人間だからだよ。こんなことでキャリアを台無しにするんじゃない。小さなミスだ。誰だってミスはある。

11

ラルフの告白——こうして彼は口を開いた

ラルフ　もしそれが起こったと言ったら、警察でのキャリアはおしまいだ。

ラルフの言葉は非常に多くの情報を含んでいる。否定をしないからには、実際にジュディに性的暴行を加えたに違いない。彼はどうして自白したくないかも明らかにしている。

マイケル　そんなことわからないじゃないか。

ラルフ　わかってるよ。

マイケル　どうして？

ラルフ　わかっているから、わかってるんだ。

マイケル　そのことはあとで考えるよ。何よりもまず、スタートさせないと。もしここを出たら「ラルフはやったが、何も気にしていない。本当のことを言うのも気にしない」と言うとしたら……

ラルフ　気にしているよ。

マイケル　わかっているさ。それに気にしてほしい。きみが気にしているのは明らかだ。協力してくれたことも報告するつもりだ。きみが手を貸してくれたこと。きみが申し訳ないと思っていて、こんなことは二度としない、ということも伝えたいんだよ。いや本当に信じている。きみに解決した、と言ってほしいんだよ。

この時点で、ラルフは両手で顔をおおった。泣きはじめた。

マイケル　きみはわいせつなことをしたわけじゃない。彼らがそういう言い方をするのは正しくない。私はきみがそうでないと知っている。違う、と言うつもりだ。わいせつなことをしたわけじゃない。

マイケルはラルフが本当のことを話す覚悟ができたのではないかと感じていた。それで推定質問をしてどこまで進んだかをチェックしようとした。

マイケル　彼女が言ったのかい？

ラルフ　いや、僕じゃない。僕が言ったんじゃない。

ラルフは明らかに質問を聞き間違えた。「きみが誘ったのか」と訊かれると予想していたのだろう。

マイケル　彼女が言ったのか？

ラルフ　私は彼女を家に送っていった。

マイケル　それはわかっている。終わったんだ。本当のことを話さないといけない。つらいことだ。つらいとわかっている。でもきみは強い。勇気をもって話せると知っている。何も解決しないままここから逃げてはいけない。そうすると、みなきみについて悪く思うだろう。そんな理由はない。われわれはいいかげんな報告はしない。取調官にこのことを話すにしても、ちゃんと解決しなければ。

ラルフ　どうなるんですか？

ラルフの言葉はあきらめに満ちていた。取り調べにおいて重要なターニングポイントである。彼はもはや抵抗していないが、選択肢を秤《はかり》にかけて、告白することが最良の行動かどうか、先に待ち構える罰の大きさによって決めようとしている。この時点で、取調官は脅したり、できもしない約束を言ったりする誘惑に屈することもある。この罠にかかると、法廷で自白が無効になる。取り調べのシナリオで脅しも約束もしないことが重要だ。引き出しの鉄則があるとしたら、こうだろう。無実の人に自白させかねないことを、したり言ったりしてはならない。

マイケル　どうなるか、と聞いてくれてよかったよ。まず、それに対する答えを私は知らない。私が知っているのは、これらの問題を解決する方法はさまざまあって、法的に起訴するのはその一つにすぎないんだ。きみの将来、警察でのキャリアに影響する重要な決定だ。決定を下す側ではいろいろなことを考えなければいけないけれど、それは彼らが考えるべきことだ。きみが心から正直で協力的だったかどうかを判断してもらおう。第二に、彼らはきみが自分で間違いを犯したことをちゃんと理解しているかどうかを知りたがっている。きみが大事に受けとめて解決するかどうかを見ているんだよ。ラルフはちゃんと大事に受けとめています、と報告したいと思っているよ。きみが間違いを認める根性があること、二度と同じ間違いを犯さないことを知りたがっているから、私は「大丈夫です」と言いたいんだ。それは大事なことだ。何より、彼らはきみがすまないと思っているかどうか知りたいんだ。「すまないと思っていますよ、本当に申し訳ながっていますよ」と言いたい。何も強制したわけではなく、同意の上だったとも話したい。一時のこと、魔が差したんだと。計画的にやったわけじゃない。たまたま起こったことで、それはまったくふだんのきみとは違う。そのことも話すつもりだ。きみの将来について誰が決定を下すにせよ、こうしたことには答えが必要なんだ。きみがもし解決しないなら、彼らの決定は非常に簡単になる。ちゃんと告白して謝罪すれば、すみませんと言えば、自分が大事に考えていて彼らもそれを認めれば。きみはみなに好かれているし、本当に愛されているじゃないか。きみがちゃんと受けとめられるような、まっとうな決定が出るはずだよ。しかし最初のステップはいま「していません」の壁を突き破ることだ。これが第一。それこそ彼らが気にしていることだ。私はきみが申し訳ないと思っていることを知っている。すまないと思っていると知っている。後悔していることを知っているよ。

マイケルは、ラルフが告白する覚悟があるかもしれないことを感じて、もう一度ほかの推定質問で進み具合を見てみることにした。

マイケル　こういうことをしたのは、ジュディ一人かい？

ラルフは泣いていた。うなずいて「そうです」という動きをした。これこそ、マイケルが引き出そうとしていた真実だった。これは重大なポイントである。倫理的な取調官のゴールは自白を得ることでなく、真実を得ることだ。

この場合、マイケルは自白を裏づける必要があった。ここで、ラルフはしばしば感情を高ぶらせ、抵抗を示した。

マイケル　そうだと思っていた。

ラルフ　（泣く）

マイケル　大丈夫だ、大丈夫だ。つらいと思う。起こってから、罪の意識があったかい？　それともそのままどうにかなると思ったかい？

ラルフ　（泣く。返事はしない）

マイケル　どうしてそうなったか話してくれないか。経緯をすべて。

ラルフ　覚えていないんです。

取り調べの状況で、実際に罪を犯した容疑者は選択的な記憶を話す。罪となるような情報を提供すまいと抵抗しているのだ。イライラするが、対決姿勢をとってはいけない。マイケルは受け流した。

マイケル　うん、きみの記憶はしっかりしているよ。
ラルフ　「家まで送って」って言ったんだ。
マイケル　そうだね。それからどうなった？
ラルフ　知らないよ。車に乗って、どこにいたかも知らない。
マイケル　そうか。
ラルフ　（泣きつづける）
マイケル　大丈夫だよ。大丈夫だ。つらいだろう。
ラルフ　もう人生がめちゃくちゃだ。
マイケル　それは違う。ぜんぜん違うよ。いまはそう見えるかもしれない。いまはね、いまはそうだろうが、そんなはずはない。絶対にない。絶対だ。さっきも言ったけれど、大げさに考えちゃいけない。これは小さなことだよ。
ラルフ　はぁ。
マイケル　大丈夫だ、いまは大変なことに思えるだろう。しかし人を殺したわけじゃない。レイプしたわけでも傷害を負わせたわけでもない。
ラルフ　ええ……でも刑務所に行くんでしょう？
マイケル　取調官はどうすると言った？
ラルフ　知りません。ひどく殴られました。
マイケル　そうか。知らないが、きみが刑務所に行くかどうか、私がどうしてわかる？　聞かせ

11 ラルフの告白——こうして彼は口を開いた

てくれ。きみは彼女と性行為をしたのか。

ラルフ いや、してません。

マイケル どうしてやめたのか?

ラルフ 知りません。覚えていません。覚えていないんです。どうしてやめたのか。全然。ただ、やめたことは覚えています。「行こう」って言いました。

マイケル 始まってから少し変な気分になりはじめていたのかい? 何か悪いことをしている気がしていた?

ラルフ (泣きながら、首を縦に振る)

マイケル そうか、よかった。それはよかった。もしきみが悪い人だったら、そこに何も悪いと思わなかっただろう。

ラルフ 人の顔をまともに見られません。

マイケル 大丈夫さ。あの夜何があったか話してくれ。

ラルフ (泣きながら) 覚えているのは……

マイケル さあ。

ラルフ 知りません。ただ……考えていたのは……ああ、彼女が私に触れて、私が彼女に触れて、それでやめたんです

マイケル ペニスに手が触れただけか?

ラルフ ええ……まあ。

マイケル　わかった。彼女はどれくらいの間触っていたんだい？
ラルフ　数秒です。
マイケル　数秒って。
ラルフ　一〇秒くらいです。わかりません。ぜんぜん違います。

告白する人はたいていいつも、自分の行動を最小限にとどめて説明しようとする。したがって全体像を知るのはきわめて難しい。実際、完全なストーリーを得られることはめったにない。目標はできるだけ完全な真実に近づけることであり、決定者が法を執行する根拠となる、できるだけ正確な情報を得ることだ。またここで注意すべきは、「ぜんぜん違います」というラルフの古典的な説得セリフである。取り調べの間じゅう、隠し事があることを示すサインは何度も現れる。そしてより深く掘り下げるための手がかりを与えてくれる。

マイケル　指を彼女のアソコに入れたことを話してくれ。
ラルフ　ちょっとこすっただけです。
マイケル　少なくとも、指の先はちょっと入れただろう。
ラルフ　（泣きながら、首を縦に振る）
マイケル　どれくらいの間、指を入れていたんだ？
ラルフ　一分もしてなかった……三〇秒くらい。すぐやめたんです。五秒、いや五秒じゃないが、ほんのちょっと。ああ、もうだめだ。

マイケル　大丈夫だ。きみはできる。きみは。いまはつらい、いまはつらいがきっと過ぎ去る。終わりが来るよ。

ラルフ　僕はおしまいだ。おしまいだ。

マイケル　それはわからない。わからないよ。

取り調べのこの時点で自白すると、自分の世界が終わってしまったと考えがちだ。それゆえに、慎重に、理解と共感をもって遇することが重要だ。立ち直ってほしいし、そうすればできる限りの尊敬と威厳をもっていける。私たちは「私にも起こりうる」ことを思い出そう。

ラルフ　この仕事が好きなんです。すみません。いま何を考えればいいかわかりません。恋人にも捨てられてしまう。

マイケル　それはわからない。どれくらい長くつき合っているんだ。

ラルフ　そんなに長くないです。二、三か月くらい。

マイケル　きみのことが好きなんだろう?

ラルフ　ええ、でも。

マイケル　彼女はこのことを知る必要すらなかったかもしれない。成り行きを見てみよう。いいかい。

ラルフ　中尉に嘘をついていましたと言わなければ。

マイケル　いや、中尉にしても、これまで周囲の人から嘘をつかれたことがなかったわけじゃない。彼らもほかの人に嘘をついていたと思うよ。きみは人間だ。きみも、僕もね。

ラルフ　みな僕を信用してくれて僕は裏切ったんだ。これだって安くないのに（ラルフは、マイケルの料金に言及している）。

マイケル　（笑）いや、税金だよ。それは税金だ。ぜんぜんかかってないよ。そんなことを心配しないでいい。きみがいちばんしなくていい心配だ。人はきみを尊敬するだろう。きみを尊敬する……きみが真実を明らかにする根性をもっていたことを。

ラルフ　まあ。でも自分でそう言えばよかったんです。

マイケル　いいかい。さっきも言ったけど、彼らが最初あんなふうにしなかったら、脅したりしなかったら、きみは本当のことを話していたと思うよ。冗談ではなく本当にそう思う。そう思わないか？

ラルフ　ええ、彼らが「わいせつ」なんて言葉を……

マイケル　わかってる、わかってる。

この時点で、取り調べを監督する中尉は取調室に呼びこまれた。ラルフは中尉の前で告白をくり返した。結局、彼は刑務所には行かなかった。彼は懲戒免職となったが、のちに別の警察署に就職した。ジュディは嘘つきの汚名を晴らした。

●相手が心理的に受け入れやすい言葉を使う。
●相手の心理的ハードルの本質を見抜くには、単純に尋ねること（推定質問）が効果的である。
●つねに相手の言葉や態度を、目と耳の両方で追う。
●脅しも、約束もしない。無実の人に自白させかねないことを、言ったりしたりしない。
●ゴールは、自白を得ることではなく、真実を得ることである。
●自白には、理解と共感をもって遇すること。これは「私にも起こりうる」ことであるという認識をもつ。

12 もしO・J・シンプソンを取り調べたとしたら

If O. J. Simpson Did It: The Interrogation That Might Have Been

一九九四年六月一二日の夜、カリフォルニア州ブレントウッドの自宅でニコール・ブラウン・シンプソンと友人のロン・ゴールドマンが惨殺された。九五年一〇月三日、ニコールの前夫オレンサル・ジェームズ・シンプソンは裁判の結果、無罪を得た。そう、元プロフットボール選手で、のちに俳優に転じたO・J・シンプソンである。これは合衆国司法史上最悪の失態といわれる裁判となった。

二〇〇六年末、シンプソンによる著書『もし私がやったとしたら』の出版が発表された。これはシンプソンが「もし殺人を犯したら」という仮定のシナリオを語るというものだったが、予告の段階で世論からの反発が強く、同書の出版は中止となった。最終的に、フロリダの破産裁判所はゴールドマンの遺族が同書の権利を所有することを認め、二〇〇八年一月『もし私がやったとしたら——殺人犯の告白』というタイトルで出版された。シンプソンのもともとの原稿に、心理学者による貴重な専門的知見が加えられている。

殺人のあった翌日、ロサンゼルス市警察（LAPD）による尋問が始まった。この任務を課せられたのはLAPDのフィル・ヴァナッター刑事とトーマス・ラング刑事。午後一時三五分に始まった面談はなんと三二分後に終了した。これはまさに「面談」であり、「取り調べ」ではなかった。

この面談の記録を読み返し（記録そのものは付録Ⅲをご覧いただきたい）、私たち自身もある仮定の状況について考えていた。あの日、もし自分たちが尋問していたらどんな結果になっただろうか。

話を進める前にお断りしておきたい。ヴァナッターやラングやLAPDをけっして非難するつもりはない。LAPDのメンバーに対しては最大の敬意を払っている。実際、以前LAPDでトレーニングをおこなったこともあり、こうした機会をいただいたことを非常にうれしく思っている。そもそも過去の事件についてとやかく批判するのは勇気があるわけでも褒められたことでもない。二〇年近くたってからの後知恵となればなおさらだ。しかし、シンプソンの事件はいまなお悪評高く、二〇年という年月を経ても世間がまだある程度知識をもっているという事実をみれば、ここであらためて吟味するのも意味があることと理解していただけるのではないだろうか。「もし私たちがシンプソンの取り調べをおこなっていたら、間違いなくこんなに収穫があったはず」という話をしたいのではない。そんな主張をしたところで、立証不可能である。本章で、私たちの質問に対するシンプソンの反応はすべて仮定に基づくものであることをあらためて強調したい。これまでの取り調べの経験から、もし私たちのメソッドを用いたらおそらくシンプソンはこう言っただろう、と推測して書いたものだ。面談や取り調べのプロセスが最初から終わりまでどのようにおこなわれるか、わかりやすく説明しようという狙いである。

では、さっそく一九九四年のあの日に戻ってみよう。私たちがシンプソンの尋問をおこなうことになったとする。私たちのアプローチでは、警察という場での尋問はまず事実に関するインタビューから始まる。インタビューが取り調べモードに切り替わるかどうかは、本件の事実、その時点までに集めた証拠、インタビューから得た情報による。本章ではマイケルから質問をしてもらう。私たちが実際どのようなアプローチで話を引き出すか、どのように事実が明らかになっていくか、（経験に基づく仮定のシナリオではあるが）お読みいただきたい。

マイケル　Ｏ・Ｊ、どうぞ。お掛けください。私はマイケル・フロイドです。今日の午後、前の奥さんニコールと、ロナルド・ゴールドマンという若者が亡くなった件であなたにいくつか質問させてもらいます。「Ｏ・Ｊ」とお呼びしてもいいですか？

シンプソン　もちろん。これまでずっとそう呼ばれてきたからね。そのほうがいい。

マイケル　Ｏ・Ｊ、質問に入る前に、予備的な手続きをさせていただきます。いいですか？　まず身分証明書をお願いします。

シンプソン　（カリフォルニア州の運転免許証を取り出す）

（マイケル、情報を記録する。シンプソン、左手のバンドエイドを貼った中指をかばうようにする仕草。マイケルはそれを見逃さない）

マイケル　もう一つ、始める前に確認しておかなければならないことがあります。弁護士ハワード・ワイツマン氏との話し合いにより、合衆国憲法で認められている権利を読みます。了解してもらえますか？

シンプソン　いいよ。何も隠すことはないんだ。

マイケル　それはよかった。あなたには黙秘権があります。黙秘権を行使しない場合、供述したことは法廷であなたに不利な証拠として用いられることがあります。あなたには弁護士の立ち会いを求める権利があります。もしそうしたくても経済的に不可能であれば、無料で公選弁護人をつけてもらう権利があります。こうした権利については大丈夫ですか？

シンプソン　ああ。

マイケル　それについてわからないことはありますか？

シンプソン　ないよ。

マイケル　今日は黙秘権を行使せず話していただけますか？

シンプソン　うん。

マイケル　話の間、弁護士を同席させる権利を行使しなくていいですか？

シンプソン　ああ。

マイケル　では、最初に、今日はお越しくださってありがとうございます。本当に感謝しています。お子さんのことをたいへん心配されていて、すぐにお子さんのもとに帰りたいと思っておられることを聞いていましたから。伺わなければならないことはたくさんありますが、とくに大事なことに絞っていきます。最も大事なことを伺うと、昨晩ニコールの家で何があったか、ということです。

シンプソン　(間をとるような態度)　ニコールの家で何があったか？　ニコールの家で何があったかって？　どうして俺がそんなことを知っているんだい。俺はシカゴにいた。昨夜は事件の現場からは遠いところにいたんだ。

マイケル　わかっています。説明させてください。これは非常に重要な事件なんですよ。あなたは有名人ですからね。この事件にできるだけ多くの捜査員をあててほしいと望まれるでしょうし、われわれもそれに応えるつもりです。使えるものはすべて使って解決していきます。実のところ、いまもニコール宅周辺とあなたのご自宅周辺を警官が調べていましてね、解決の糸口をつかもうと、くまなく聞き込みをしているわけなんですが、面白い情報が入ってきました。ニコールの家の周辺で、近所の方が「昨夜あなたを見た」と言ったとしたら心当たりはありますか？

シンプソン　(間をとるような態度)　ふむ、あ、ああ、あの近所はよく通るんだ。子どもの様子も見に行くしね。家から一〇分しかかからない。いま思えば、たしかに昨晩車であの辺を走ったな。家の明かりが消えていたから、そのまま寄らずに行ったんだが。

マイケル　そうですか、ありがとうございます。教えてもらって助かります。伺いますが、昨晩ニコールと若者が亡くなったのは、あなたがやったことですか？

シンプソン　冗談じゃないよ！　おれはニコールをものすごく愛してたんだ。子どもの母親だぜ。一緒にいた男なんて知りもしないよ。やめろよ、ばかなこと言うなよ。おれが二人を殺したって考えてるのかい。

マイケル　だからいまこうしてお話を伺っているんですよ。事件を解決するのに手を貸してもらいたいんです。私の目的は、何が起こったかを明らかにして、この事件の関係者がみな、もとの生活に戻れるようにすることです。特定の質問に入る前に、昨晩九時から一一時までの行動を全部教えていただけませんか。できるかぎり詳しくお願いします。

シンプソン　わかった。ええと、ポール・リヴィア・ハイスクールでシドニーのダンス発表会があって、観に行ったんだ。それが終わったのが六時半、六時四五分、だいたいそれくらいの時間だった。ニコールも家族と来ていた。家族っていうのは母親と父親、姉、それとうちの子どもたちだ。ニコールは年甲斐もなくミニスカートをはいていた。おかしいんじゃないかと思ったよ。夕食を一緒にどうかとお母さんに言われたけど、けっこうですと断った。家に帰って、ベントレーを置いて、ブロンコで出かけた。ポーラってガールフレンドにちょっと会いに行ったんだ。でも留守でね。電話したら近くにいないっていうんで、家に戻ったのさ。八時とかそれくらいだったはずだよ。ケイトーがいたがジャクジーの準備ができてなくて……それで……ハンバーガーを買いにいって、家に戻って、旅行の支度をしていた。いろいろすることがあるからね。そういうことだよ。一一時くらいにリムジンが迎えにきたってことは知ってるだろう。

マイケル　答えてくれてありがとうございます。でもはっきりわからなかったことがあります。私がいちばん関心があるのは、九時から一一時まであなたが何をしていたかということなんです。たぶん八時すぎに戻られたと言われましたが、そこからの行動に絞りましょう。リムジンが来る前に何をしていたか、詳しく説明してもらえませんか。

シンプソン　う〜ん、いまはぼやっとしているんだ。きっちり思い出せないな。

マイケル　わかりますよ。でもはっきりさせることがとっても重要なんです。自分の行動をとにかくできるかぎり、きちんと教えてほしいんですよ。

シンプソン　ええと、ゆっくり支度をしたことは覚えている。庭でゴルフのチップショットを練習して、ちょっと寝て、そうしたらリムジンの運転手がドアのベルを鳴らして目が覚めた。寝過ごしてしまったんだ。

マイケル　さきほど、ニコールの家のそばまで車で行って、一緒にいるかどうか見に行ったと言われました。その話を聞かせてください。

シンプソン　いいよ。そうだ、忘れていた。ちょっと待ってくれ。たしかケイトーとマクドナルドから帰ってから、ブロンコに飛び乗ってちょっと行ってみたってところだな。一緒にいるんじゃないかと思ったんだ。遅くても九時くらいだ。

（マイケルは意図せざるメッセージを受け取った。「一緒にいる」と思ったから彼はニコール宅を訪れたのだろう。つまりニコールが恋人と一緒にいる現場をおさえようとしたのが動機ということだ）

マイケル　ニコール宅に行くまでのことを詳しく教えてください。どのルートで誰と一緒で誰を見て、誰と話して、ニコールの家で何をしたのか。いつ家を出ていつ帰ってきたのか。どうだったでしょう？

シンプソン　ほお。わかった、自分一人でロッキンガムを南に行き、ハイウッドストリートを左、ブリストルを右、サンセットを左、バンディを右。帰りも同じルートだ。いつもそのルートで行くんだ。だいたい六分くらいだった。さっきも言ったとおり、ニコールの家の明かりが消えていたので、子どもたちがもう寝てしまったか、それともまだ家に帰ってきていないのかと思った。それでまぁ家に帰ったってわけだ。覚えているのはそれくらいだな。

マイケル　ロッキンガムの自宅を出たのは何時ですか？

シンプソン　九時一五分くらいだと思うよ。

マイケル　九時より前ということは？

シンプソン　いやそれはない。

マイケル　九時半以降では？

シンプソン　絶対ないよ。それは間違いない。

マイケル　どうしてわかるんです？

シンプソン　出る前にシャワーを浴びて支度を済ませないといけなかったからだ。

マイケル　ニコール宅に行ってまた帰ってくる間、誰かに会いましたか。

シンプソン　誰にも。間違いない。

マイケル　ニコール宅に行って帰ってくる間、誰かと話をしましたか？

シンプソン　いや。間違いない。

マイケル　ニコールの家で何をしたんですか？

シンプソン　何もしてないよ。さっきも言っただろう、通り過ぎただけだ。

マイケル　いつ車がニコールの家の前で停まりましたか？
シンプソン　少しスピードを落としたけど停まってはいないよ。絶対ない。
マイケル　いつにせよ、ニコール宅の路地に入ったことは？
シンプソン　おれがあっちに行くときはいつもそこで停めるんだ。
マイケル　昨夜の九時から一一時の間、ニコール宅でブロンコを停めましたか？　ほんの少しの間でも。
シンプソン　そんな記憶はないが。
マイケル　O・J、この次の質問は真剣に考えてほしいんです。昨夜、ニコール宅の前であなたのブロンコが止まっているのを誰かが見たと言ったら、思い当たりますか？
シンプソン　誰がそんなことを？
マイケル　いまの時点では誰かが見たとは言いません。しかし誰かが見たと言ったのなら、いま、はっきりさせておく必要があります。つまり、そこからいろいろなことが説明できてしまうんですよ。誰かがあなたを見たと言って、それだけであなたが誰かに怪我を負わせたということにはなりません。起こったこととはまったく無関係の理由でそこにいたという可能性もありますす。もしそうなら、いまきちんと片付けておかないといけません。
シンプソン　うーん、いまは、さっき言ったとおりだ。おれが何か新しいことを思い出せるような話をあんたが知っているっていうなら別だが。
マイケル　昨夜のニコール宅に行くまでのことで、何かほかには？

12
もしO・J・シンプソンを取り調べたとしたら

シンプソン　いやそれで全部だと思う。

マイケル　九時から一一時までの行動の残りをもう一度おさらいしましょう。ニコールの家に行く以外に、ゆっくり旅行の支度をして、庭でチップショットをして、仮眠をとって、シャワーを浴びた。ほかには？

シンプソン　それで全部だ。覚えているかぎりでは。

マイケル　昨夜九時半以降に、何かの理由でロッキングハムの自宅を出ましたか？　一一時ごろリムジンで出る以外に。

シンプソン　いや。

マイケル　九時半以降に、ニコールの家に行くために家を出たという可能性はありますか？　そしてそれを思い間違えていたとか？

シンプソン　いや、それはない。昨夜はいろいろとひどかったね。ニコールは発表会でろくなことをしないし、彼女の家族も変だった。おれはポーラとうまくいってなくてさ。それで準備のためシカゴに行った。わかっているよな。

マイケル　教えてほしいんですが、左手のその怪我はどうしたんですか？

シンプソン　いや覚えていないんだ。最初、シカゴとかにいて、家では駆けずり回っていた。シカゴでグラスを割ったんだよ。警察から電話があったが、おれはトイレにいて、ちょっと頭がいかれてた。昨夜は……いや知らないね、車からガラクタを下ろして、家でハンガーやあれこれをスーツケースに詰めていた。ちょっと慌ててさ、もうしょっちゅうこんななんだよ。おれを見た人は「O・Jは暴風みたいだ」と言っている。いつも走りまわって、やることが荒っぽい、ってね。ほんとそうなんだよ。で、車からガラクタを下ろしたんだ。

マイケル はっきりさせたいのですが、あなたは左手をどうして怪我したか覚えていないのですか？　こんなに血が出たのに？

シンプソン 覚えてないね。

マイケル 私の額の傷わかりますか？

シンプソン ……ああ。

マイケル 一九五三年、ネブラスカ州プラッツマウスで雪が積もりましてね。通りをソリですべっていたとき、丘のふもとに停まっている車のバンパーに頭からつっこんだんですよ。このふくらはぎの傷は六三年、ネブラスカ州デビッドシティのゴルフコースで有刺鉄線のフェンスで怪我をしたときのもの。右目の下の小さい傷は、六七年にバスケットボールの練習でリック・ウォーナーのひじが当たったときの怪我。右のくるぶしの小さい傷は六八年、ネブラスカ州グランドアイランドでデフェンスのラインマンに、レフェリーの目を盗んでスパイクで踏まれた跡。右の親指の傷は八一年、北ヴァージニアでビールの瓶が割れたとき。もっと続けてもいいですが、わかったでしょう。あなたの手の傷はかなりの傷だ。二四時間以内にできた傷なのに、何でできた傷か辻褄の合う説明ができないんですか？

（この時点で、マイケルはシンプソンが殺人を犯したことにほとんど疑いをもっていなかった。本件の事実、集めた証拠、このインタビューで、シンプソンがあちこちで見せた何か騙すようなしぐさからみて、そろそろ「取り調べ」モードに切り替えるべきタイミングであることは明らかだった。シンプソンが犯人であることは確信していたが、ここでの「転調セリフ」はどちらかに決めてしまうのでなく、最良～最悪のシナリオの両方の可能性をカバーできるものでなければならない）

マイケル　O・J、率直にいって、いま気になることがあるんですよ。いまの時点でつかんでいることを話しましょう。いまから話すのは、私が確かだと思っていることです。途中でさえぎらないで最後まで聞いてください。私の話はきっと非常に興味があると思います。私が終わったら、あなたに話してもらいますので、意見を出してください。これでフェアですか？　賛成してもらえますか？

シンプソン　ああ。

マイケル　いいでしょう、話したいことがたくさんあって、どこから話したらいいか。血痕のことからお話ししましょう。ニコール宅とあなたの自宅が血痕でつながっているんですよ。ご自宅の外側にも内側にも血痕が発見されました。あなたが昨夜運転したと認めた白いブロンコにも血がべっとりとついています。つまり、車でニコール宅からあなたの家に血が運ばれたわけです。興味深いことは誰の血がどこについているかを確かめることですが、それはまもなく明らかになるはずです。あなたのブロンコを停めた路地からニコール宅の通路にも、血のついた足跡があり、足跡の左側に血が数滴発見されています。やり合ったあと、ブロンコに戻るときに、怪我をした左手から滴り落ちた血とみて間違いないでしょう。いつもあなたがブロンコを停めている路地に続く門のノブにも新しい血のついた指紋を見つけました。血が付着した左手で門を開けたときについたとみていいでしょう。バンディにはあちこちに血がついていました。ニコールとロンの血があなたの血とまじり、ブロンコ以外にあなたの家にも付着したとみています。ニコールが倒れているそばに血のついた手袋が見つかりましたよ。面白いことに、これは左手の手袋でした。つまり侵入者の左手は怪我をしているはずです。また、黒っぽい色のニット帽も発見されています。左手の手袋同様、もみ合っているうちに侵入者の頭から脱げてしまったのでしょう。キャップからは毛髪が発見されました。科学班が調べていますから、誰の毛かはすぐわかります。ケイトーは一〇時四五分ごろ、ロッキンガムのバンガロー裏の外壁に大きなドスンという音を聞いて、非常に怖かったと言っています。はじめは地震だと思ったそうですよ。怖さのあまり、バンガローの後ろの小さい路地を見に行けなかった、と。あなたは面白いことに、出かける前に「セキュリティ会社に電話するな」「警察を呼ぶな」と言ったそうですね。なんでそんなことを言って出かけたのか、いまならわかるように思います。捜査員がバンガローの裏を調べましてね。何を見つけたと思います？　ニコール宅で発見された左の手袋、あの対になっている右の手袋ですよ。右の手袋にも血がべっとりついていました。疑いなくこれはニコールとロンの血でしょう。証人もいるんです。フォルクスワーゲンを運転していた女性で、昨夜一〇時四五分ごろ、バンディトサンフランシスコの交差点で、赤信号で突っこんでいったあなたの車とあやうく衝突しそうになったと言っています。ロッキンガムに帰る途中でしょう。あなたのブロンコがサンヴィセンテの中央分離帯に乗り上げたと言っています。もう一台、グレーの日産車もその場を見ていたんです。あわててブレーキを踏んだそうですが、

12

もしO・J・シンプソンを取り調べたとしたら

あなたがクラクションを鳴らして「どけよ！　どけったら！」と怒鳴ったと話してくれました。近所に住んでいる女性で、運転しているあなたを見ていました。車のナンバーも控えていましたよ。あなたの洗濯機に入っていた黒い服と、寝室に落ちていた黒い靴下、いま話している血液と同じ血液型でした。バスタブのそばに、空のスイス製アーミーナイフのケースが落ちていました。そろそろ科学捜査班が来て、アーミーナイフと、ニコールとロンの傷口が一致すると報告してくれるはずです。あなたのリムジンの運転手は二〇分早く到着して玄関のブザーを鳴らしたけれど、当然返事がありませんでした。あなたはそこにいなかったんですからね。

シンプソン　（沈黙。身動きもせず、じっと前を凝視している）

マイケル　運転手はあなたが家に戻ったのを見ていました。家の明かりが一〇時五〇分ごろについたと言っています。どうでしょう、ニコール宅で昨晩起こったことは違うようですが。私にはわかっているんですがね。みんなもね。

シンプソン　もし俺がやったと言うなら、俺のことが全然わかってない。

（マイケルとシンプソンの背景には、たまたまいくつか共通点があった。マイケルはそれをここで話すことにした）

マイケル　それなら話をさせてくれますか。私はあなたのことをちょっとばかり知っているんですよ。あなたのほうでは、もちろん覚えていないでしょうが、一九七七年、あなたの友人のサム・デノフがあれこれ準備して、あなたが私の妹のステファニーにホームカミング・クイーンの王冠をかぶせてくれたんですよ。ハリウッドヒルズで妹の三一歳の誕生パーティーのときです。クイーンズ・ロードでね。一〇〇人もの人がいて、妹が話してくれました。あなたは大人気だったそうですね。あとでラグナ・ビーチのビクトリア・ビーチでサムの家を借りていましたが、それはあなたの家の右隣りでした。二人のお子さん、アーネルとジェイソンとよく遊んだそうですよ。すごく楽しかったと言っています。私の仲のいいドン・バーピーは二年の間、毎週USCであなたとごく気軽にバスケットボールをして遊んでいました。あなたはいつも気さくで、キャンパス周辺で見かけるといつも声をかけてくれたと言っています。ネブラスカのハイスクール時代の仲間のデイー・ホイルはパサデナのラケットボールクラブ、カリフォルニア・ウェイであなたのビジネス・パートナーです。あなたのことはいつも褒めていますよ。ほんとに、私の妻もあなたと同じポトレロ・ヒルの公営住宅で育ちました。だからあなたが頑張って乗り越えてきたことについては、かなりよくわかっています。妻はいま医者をしています。ダニー・グロバーもあそこで育ったと思いますよ。義理の母があなたのお母さんを知っていても不思議じゃない。世間は狭いですよ、O・J。言いたいのは、あなたが世間にずっといい影響を与えてきたことを直接知っているってことです。あなたはいつも、心の中では正しいことをしたいと思ってきたということも。こんなことをするのはあなたらしくない。あなたの本心ではない。誰かが一回何かしたからといって、それで人を判断するのではなく、全体で考えるはずです。こんな一回の行動であなたという人が決まってしまうなんて。臆病な人は誰でも嘘をつくものです。どんな人か本当に決めるのは、難しい状況で立ち向かって真実を言えるかどうかです。あなたはいま、理性的というより感情的に考えています。それはそうだと思いますよ。いま置かれているのは相当つらい状況ですから。私はあなたのことをかなり理解していると思っています。ここで力を合わせて、昨日あった事件を明らかにしていきましょう。誰が何をしたかはわかっています。いま必要なのは、そして最も大切なことは、なぜそれが起こったかなんです。きちんと辻褄の合う説明はあるんですよ。そのことを話したいと思っています。

シンプソン　どうして俺がニコールを殺すんだ？　俺の子どもの母親だぜ。おれはニコールを愛していた。男のことなんか、知りもしない。なぜ俺があいつを殺したいと思うんだよ？

マイケル　わかります、O・J。あなたについて知っていることから考えると、まったく現実と思えない展開になったんです。あなたとニコールの間で何年も前から起こっていたドメスティックバイオレンスのことなんかを話すつもりはありません。そのことはまぁ気にしていません。夫婦ってものは駆け引きのツボを心得ているものですし、感情が高ぶると、ときどき普通ならしないことをしたりもします。このストーリーには二つの面があると思っています。しかし私が知りたいのは、昨夜のことです。私は、これが昔からよくある「私のものにできないなら、誰にも渡さない」という状況だとは考えていません。あなたが彼女を取り戻したいと思っていたとも思いません。お互いに終わったことと思っていたはずです。

事実だけ考えましょう。ニコールはひどい癇癪持ちでした。何かカッとなると、あなたに殴る蹴るの暴力をふるったと聞いています。落ち着くまで、抱きかかえていないといけなかったとも。あなたはなんとかうまくいくように頑張りましたね。二年ほど前、離婚したら、彼女は子どもたちと新しい家に移っていった。彼女があなたなしで生きていこうとするのを見るのは本当につらいことだったでしょう。しかも子どもたちの前で、ほかの男と一緒に。彼女がドラッグをやっている怪しい人間とつき合っていて、本人も不機嫌になったり、奇矯な行動に走ったりしていると聞いています。いいニコールと悪いニコールがいて、どうやら悪いニコールが勝ってしまったようです。あなたは、子どもたちが危険にさらされると思いはじめたのではないでしょうか。子どもたちのことを考えないといけない。このまま彼女に勝手をさせるわけにはいかない。子どもがいますから。彼女のことは起こるべくして起こった事故にせよ、子どもたちのためにどうにかしないと、と。

あなたは昨夜、彼女の家に行き、警告して目を覚まさせようとしたのでしょう。実際、目を覚まさないといけなかったんです。このことはあなたを苦しめつづけていた。もうやめさせないといけない。子どもたちのために、この状況に収拾をつけ、自分の人生をやっていかなければならなかったんです。

あなたが着ていた黒い服、ニット帽、手袋、ナイフ。ぜんぶ芝居じみています。人を殺す計画なんかなかった。というのは二つの理由からです。一つは、家では子どもが母親の遺体を見てしまう。そんな場所で殺そうと思うはずがない。子ども思いのあなたにそんなことを思いつくはずがありません。もう一つは、もし計画的なものだとしたら、だいたいこんなたくさんの証拠を残していきません。あなたは非常に頭のいい人だ。こんなミスをするわけがない。そう考えると、納得がいく説明は一つしかなくなるんです。つまり衝動的なものだった。

ニコール宅に着いて、裏門そばに車を停めました。家に近づくと、中からろうそくの明かりがもれて、なにか気持ちのいい音楽が聞こえる。恋人が来るのを待っていることは明らかです。

子どもの前でそんなことをまたやっている、と怒ったでしょう。しかしそれはがまんできた。そのときロン・ゴールドマンが現場に現れた。ニコールはあなたの車の音を聞いて玄関に立っていた。ニコールはあなたに会いたくなかった。恋人がいますからね。だからあなたにわからせようとして、あなたとニコールは中に入った。そこでゴールドマンは、ヒーローになろうとしてニコールを助けにきた。そのとき、あなたは彼女に危険なことをするつもりはなかったでしょう。しかし逆に二人のほうがあなたの意図を完全に誤解し、過剰反応していきなり襲いかかってきた。悪夢なんて言葉ではとうてい追いつかない状況だと思います。このままでは殺される、と思った瞬間、生存本能にスイッチが入った。二対一の戦いです。

O・J、人間の行動には多くの理由があります。これは映画じゃない。昨夜はシナリオもプランもなかった。プレッシャーをかけられつづけ、これ以上耐えられないということがあるんです。あなたはずっとニコールに優しくしてきました。でも彼女が何を返してくれたでしょう。公然とあなたに恥をかかせる、さげすむ、愚弄する、怒らせる、子どもにあなたの悪口を言う。このまま子どもを彼女のもとにおけない、と思ったでしょう。どんなに強い人でも、ついには折れてしまいます。もう一点、わかっていること。起こってしまったんです。最悪の悪夢が。昨晩、あなたはとんでもない場面に足を踏み入れてしまった。あとから考えて、ほかにどんな違う展開がありえたでしょう。これがどんなふうに展開したか誰だって理解できます。

(シンプソンはほとんど動かなかった。頭を垂れ、肩を落とした。終わってしまったことを彼は認めた)

マイケル　O・J、昨夜ニコールに会いに行ったとき、彼女を殺そうと思ったのですか、それともただ子どもを守ろうとしただけですか？

シンプソン　（応えない）

マイケル　Ｏ・Ｊ、悪夢は終わりです。目を覚ます時間です。子どもを守ろうとして家に行ったのですか？

シンプソン　ああ。ああ、そうだよ。なんだよ……終わりだ。もう終わりだ。誰も許しちゃくれない。人生はもう終わった。

マイケル　目を覚まして間違いを認め、起こしたことに何かしようとしているのはわかります。本当のことを話す勇気をもっていてくれて、ありがとう。勇気こそあなたが授けられてきたものです。勇気がなかったら、人生であなたが成し遂げてきたことは不可能だった。もちろん、こんなことは起こらなかったらよかったと思います。が、公人として、あなたがいまこの時点からどう身を処していくか、それはみなにとてもいい影響を与えるはずです。みな本当の強さをもっている人を探しているんですよ。私たちの社会は人を許す社会です。私が理解できるならば、そしてじっさい理解しているのですから、ほかの人もきっと理解してくれます。あなたは有利なんですよ。だって何年もの間、人から愛されてきているのですから。

シンプソン　これからどうするんだ。

マイケル　昨晩、ニコール宅でどうなったか、話を聞かせてください。ナイフでどうしたか、というところから。

（それから二時間にわたり、マイケルはシンプソンに殺人事件の詳細を質問した。やがて犯罪の一つひとつの要素が

12
もしO・J・シンプソンを取り調べたとしたら

確かめられ、真実がすべて明らかになっていった。それはシンプソン自身進んで語った真実の情報であった）

私たちが取り調べをしたとして、実際にこんなふうにうまく話が展開しただろうか？　それは知る由もない。しかし、当日の尋問の結果が次々に一連の出来事を引き起こし、そのせいで遺族たちは長い間、筆舌に尽くしがたい苦悩を味わわされてきた。そしてO・J・シンプソンは無罪となった。のちに民事法廷で犯罪が認定されたものの、まもなくゴルフコースに姿を見せるようにもなり、すっかり生活を楽しんでいる。

この事件については興味深い補足情報がある。シンプソンが無罪となったのち、マイケルがたまたまラング刑事に会った。どうして面談を三二分で切り上げたのかと聞いたところ、「シンプソンが憲法修正第五条をもちだして黙秘するのではないかと懸念していた」という答えが返ってきた。しかしこれはおかしい。実際のところ、面接の最後にラング刑事とヴァナッター刑事は憲法修正第五条について触れている。ここではシンプソンに「その場思考」を続けさせるべきだった。自分の行動が先々どんな結果になるのかについて思いめぐらし、第五条を持ち出して自分を守らなければという気にさせないことこそが重要だった。実際、シンプソンは弁護士不在での取り調べに同意していたのだ。あの日、ＬＡＰＤが彼から得た情報よりも、シンプソンがＬＡＰＤから得た情報のほうが多かったに違いない。

学んだこと

- 徹底的な準備が不可欠である。事実関係をすべて知りつくし、明らかにするべき最重要ポイントを見きわめ、鍵となる質問を組み立てること。情報のズレ、矛盾、不適合な点に注意しよう。問題と質問に優先順位をつけ、最も重要な問題については早めに取り組む。そうすることで、時間的制約がうまくやりくりできる。しかも、容疑者の不安は取り調べが始まるときピークとなるから、早めに重要な質問をすると、嘘をついていることが容疑者の態度に出やすく、有利に進められる。一言言うだけで十分だろう。
- 具体的な計画を立て、戦略をよく練ること。この取り調べで　何をしたいのかはっきりさせよう。告白がないと、アリバイ、怪我などに関する容疑者の行動を詳しく順序立てて組み立てる必要がある。全体の構成図に容疑者の行動をピタッと当てはめていき、妙なところがないか見抜くのだ。場当たり的でなく、とことん手順を守ること。不審点は一つ残らず潰していくというメッセージが伝わる。
- 二人以上で取り調べをおこなう際は、役割を決めておく。一人が率先して質問し、もう一人は容疑者の様子を観察し、メモを取り、何を訊くか考える。さえぎってはならない。まず一人が終わったところで、「これで私の質問は全部です。きみのほうからは?」と尋ねてバトンを渡そう。この時点で役割が入れ替わる。容疑者は真実を明らかにした、と両者が納得するまで続けること。一人しか質問者がいないときのほうが情報は引き出しやすい（第三者がいる場所では告白しにくいものだ）。交互に質問するこの形式で、容疑者に一対一の取り調べという感覚をもたせることができる。

- 何が問題なのか、なぜ質問しているのかを正確に、簡潔に伝えること。目的を告げないままの取り調べが成功するのは映画の中だけだ。
- 情報収集は時系列的に。そうでないと、重要なことを見逃すおそれがある。
- 情報をそのまま受け取ってはならない。つづけて「どうしてそれがわかるんですか?」「そう言う理由は?」と質問し、情報が正しいかどうかチェックしよう。
- 「わからない」ということを恐れないように。あいまいなことをあいまいなまま残してはいけない。
- オープンクエスチョン*をおこなって、容疑者からイエス・ノー以外の「語り」を引き出そう。話のベースを作ったり問題を調べたりする手段になる。オープンクエスチョンの場合は途中でさえぎらず、最後まで答えさせること。話せば話すほど、相手は矛盾したことを言ったり、あるいは意味あることをもらしたりするものだ。情報は出しっぱなしにしておこう。のちに質問を続けて語りの真偽を確かめることを忘れずに。
- ポイントを絞った答えを引き出すにはクローズドクエスチョンがよい。たとえば「何時に着いたのですか?」など。
- いま調べている問題にかかわる事柄について、適度に推定的質問を用いる。このタイプの質問を使うと、

「自分が思っていたよりも質問者（取調官）は情報をつかんでいる」と感じ、本当のことを言おうという気になりやすい。

・おとり質問＊で、マインドウィルスの引き金となるような仮定の状況を作る。典型的なおとり質問は「～としたら心当たりはありますか？」といった形をとる。たとえば「ドアノブにあなたの指紋がついているとしたら、心当たりはありますか？」

・質問はシンプル、明快、率直に。複雑な質問、相手をある方向に誘導するような質問、否定的な質問、わかりにくい質問はしない。

・言われたことだけで納得せず、追加の情報を引き出そう。「ほかには？」と訊くことを忘れずに。

・チェックリストを上からこなしていくという発想に陥らないように注意せよ。ただ用意された質問を訊くだけでは有意義な情報は引き出せない。効果的な質問とは、はるかに複雑でダイナミックなものだ。

・質問している間、メモは最小限にとどめる。メモをとっていると、相手の話の重要なポイントを聞き逃したり、不自然な態度を見逃したりする可能性がある。

取り調べの間はメモを一切とらないこと。話がすべて記録されている、と思えば、容疑者は「その場思考」モードをやめてしまいがちだ。

・脱線した問題に時間を使わないこと。自分に「これは本当に知りたいことなのか？」「いま優先順位の高い質問をしているのか？」を確かめよう。

- 矢継ぎ早に質問しない。相手が答えてから、次の質問まで間合いをとる。この沈黙で、相手の反応について考え、次に何を訊くか決めることができる。しかも、間をとったほうが、容疑者はうっかり口を滑らし、大事な情報をもらしやすい。
- 取り調べの最後まで、威圧的でなく穏やかな態度を崩さないこと。相手に対して、尊厳と敬意、共感をもって接するように。
- ついに本当のことを言った容疑者が不安にならないように、「話してくれてありがとう」「助かったよ、ありがとう」といった言葉をかけよう。
- 包括的な質問を入れて、省略されているところや見逃している譲歩がないかをチェックすること。たとえば「もっとほかに話しておいたほうがいいことは？」「今日まだ聞いていないことで、私が知っておいたほうがいいと思うことはあるかい？」といった具合である。

13 真実を引き出したいなら

二〇一一年、FBI元特別捜査官アリ・H・ソーファンは著書『黒い旗』で、アブ・ズベイダーの取り調べをめぐる対立について詳述した。アブ・ズベイダーは合衆国の対テロ戦争における第一級重要テロ容疑者として、二〇〇二年パキスタンで拘束された。ソーファンによると、FBIの同僚とともに、威圧することなく信頼関係を築きながら取り調べをおこない、アブ・ズベイダーから機密情報を引き出した。しかしのちに、強化尋問を用いるCIAのテロ対策センター（CTC）出身のメンバーが加わった。ところがこの荒っぽいやり方で取り調べをおこなったところ、アブ・ズベイダーがパタッと協力しなくなった。機密情報もそれきり出てこなくなった、という。

CTCチームにはCIAの主任戦略心理学者をはじめ、捜査官エド、ポリグラフ検査官フランク、CIA契約職員の心理学者ボリスが参加していた。のちにCIA若手分析官が加わったそうだ。

ソーファンによると、強化尋問の効果をめぐり、CIAメンバーは真っ向から意見が分かれていた。ボリスらは強化尋問を支持していたが、フランクらはソーファンと同じく、威圧せず相手と信頼関係を築く方法を支持していた。

当然ながら、ソーファンはボリスの主張に批判的だった。じつはボリスはイスラムのテロリストに質問をしたこともなければ、そもそも尋問をおこなった経験がない、とソーファンは明らかにしている。「主義のために死を選ぶような人間に対して、強化尋問はまったく役に立たない」という議論に、ボリスはこう答えたという。

「これは科学なんだ」これがボリスの答えだった。反論され、かっとなっているように見えた。ボリスの元同僚が話してくれたのだが、ボリスはどこでも自分がいちばん賢いと思っていた。質問をされるのが大嫌いだった。「いまにわかる」とボリスは言った。「厳しい取り調べを受けてつい吐いてしまうのが人間なんだ。すぐに効果が出る。見てろよ。人間はいつだって楽になりたいと思うものさ。いまにわかる」。愚か者に話すのは時間の無駄だというように、人を見下した目をして言った。

ボリスのやり方では期待した結果を得られなかった。その後どうなったか、ソーファンは次のように書いている。

ＣＴＣのメンバーのなかに、疑いが頭をもたげはじめた。ボリスのやり方を試してみようという当初の寛容さはどこかに行ってしまい、かわりに懐疑的な空気が広まった。取り調べの経験は浅く、アブ・ズベイダーについても知識がなかったため、最初は頭が回らなかった。ボリスの言うこともなるほどと思えた。

しかしいまとなっては、ボリスのやり方は法律上面倒な問題に発展するおそれがあると気づいていた。ボリスは自信たっぷりなようで、実際はただ実験しているだけなのだとわかってきた。ボリスの経験はあくまで机上の勉強にかぎられていた。テロリストを取り調べた経験などなかったのだ。

それでも、ソーファンによると、あとからチームに参加したCIA若手分析官はボリスを称賛し、ボリスのやり方に従おうとした。CIAポリグラフ検査官フランクが主張する信頼関係を築くやり方は、若手分析官からみると「つまらない」方法に思えたのだ。自分たちに協力することが結局は利益になるだけでなく、いま最も正しいことなのだ、とアブ・ズベイダーに説得すべきだ。フランクはそう考えた。

ボリスはフランクを嫌っていたようだ。フランクの発言やアブ・ズベイダーに対する取り調べかたらみて、ボリスのやり方に賛成していないのは明らかだった。ボリスのほうでも、CIA若手分析官とCCTVモニターでフランクの取り調べを見て、こうけなしていた。

ボリスはよくほかのメンバーにフランクの悪口を言った。「ものすごく退屈な奴だ」「いまアブ・ズベイダーがなんて言おうとしているかわかるか？　いいから俺を撃ち殺せってさ」若手分析官はボリスの言うことなら何でも笑うのだった。

こうした諍いは、まさに高度取り調べ法をめぐる今日の論争の縮図のように思われる。「はじめに」でお断りしたように、私たちは本書で、わが国の安全を守るためにどのような取り調べ方法を用いるべきか、という問いに答えるつもりはない。この取り調べ方法は間違っているなどと批判するつもりもない。ただ、ソーファンが述べていることについて自分たちの見解を述べてみたい。もちろん、そもそもソーファンの説明がどこまで正しいかは証明できないが。

かりにソーファンの記述が現実に即しているとしよう。ボリスは、厳しい取り調べを受けると人間は本当のことを言う、と主張している。これは正しくない。取り調べの場面で恐怖だけが人の口を割らせる、ということもまったくの間違いだ。肉体的精神的に苦痛を与えられると何かしら反応するかもしれないが、そこで得た情報の信憑性は低い。

私たちのアプローチがなぜ効果的か、ボリスらには理解できないだろう。というのは、「その場思考」の機能を知らないからでもある。

真実を引き出したい場面では、「その場思考」は相手の不安をかきたてるのでなく、むしろ不安を最小限にし、あるいは取り除くために用いる。アブ・ズベイダーがテロリスト攻撃に関与する人物について重要な情報をもっている、と考えられるなら、その情報を引き出すのに最もよい方法は、真実を話すことで先々いやな結果になると考えさせないことだ。不安を与えるよりも解消するほうが、相手は口を開く。ところがボリスはこの点が理解できないようだ。

ボリスのやり方ではある目的は達成するだろう。肉体的精神的拷問を相手に与えて、情報を吐かせることだ。これには二つ前提条件がある。まず、こちらが求める情報を相手がもっていること。もう一つは、苦痛から逃れるために相手が出した情報が真実である、ということだ。拷問を与える側にも与えられる側にもよい結果がもたらされる。つまり、拷問を与える側は欲しい情報を得る、される側は痛みから解放される。しかし見落としていることがある。この前提はそもそも根拠がない。欲しい情報を本当に相手がもっているのか、また相手が白状したことが本当に真実なのか。さらに本質的な疑問が浮上する。果たしてこれで問題は解決したのか。それとも新たな問題が生じたのか、それは歴史が決めることだろう。

国家として、グローバル社会として、考えていかなければならない。この先も虐待や拷問という方法をとりつづけるのか。もしその場合、どうなってしまうのか。実際、その方法で真実を引き出せるのかを考える前に、その先どんなぬかるみが待っているかを考える必要がある。かりにテロリストの取り調べで拷問を使うとしたら、性犯罪者、企業犯罪者、不注意運転手に同じ方法を使うことになりはしないか。このぬかるみはどこまで続くのだろうか。

本書でご紹介したアプローチを使えば、職業や立場、状況を問わず、相手から真実を引き出すことができる。効果のほどは、私たちのキャリアで実証済みだ。これにはもう一つ別の側面がある。私たちのアプローチは、時代を経て宗教的伝統によって教え継がれてきた道徳水準にかなうということだ。わが国の建国期につくられた法律原理と倫理原則とも――何よりＣＩＡがその誕生期から守りつづけてきた価値観とも合致する。
これからも私たちは、この道を進みつづける。

●取り調べの場面で恐怖だけが人の口を割らせるというのは間違い。そこで得た情報の信憑性は低い。
●真実を引き出したい場面では、不安を最小限にするために「その場思考」を用いる。
●情報を引き出す最もよい方法は、話すことでいやな結果になると考えさせないこと。
●不安を与えるより解消するほうが、相手は口を開く。

付録

付録I　ビジネス、法律、および日常生活の場での活用法

ピーター・ロマリー

はじめに

フィル、マイケル、スーザンの三人が本書で語る「真実を引き出すメソッド」は対面で相手に本当のことを言わせるために非常に役に立つ。このすごさは幅広い場面で使えるという点にある。もちろんＣＩＡや司法という場で築き上げられ実践されてきたわけだが、それ以外にもたとえば**採用面接や車の購買など日常的な場面でも応用可能だ**。本書で取り上げられているさまざまな取り調べの場面に共通するのは、**相手をゆさぶり動かす**という考え方である。「付録I」では、この点をより深く考えたい。日常的な状況でも、相手がどれだけ本当のことを言うかで結果が変わることはよくあるが、実際こうした場面で**「相手をゆさぶる」テクニック**が効果を発揮するのである。

交渉人・弁護士として、私はこのゆさぶりのテクニックを生かしてきた。**交渉の場で用いられるスキルは、世界トップの諜報機関で用いられるスキルときわめてよく似ている**。人質を解放させるとか、企業合併にさいしてより都合のいい条件を引き出すとか、長いこと延び延びになっていた賃上げを実現させるとか――こ

うした交渉の場面で、**もし相手の立場で考えることができたら、その時点ですでに優位に立てる。**相手がどんな人間か、何を知って、何を望み、どんな動機で行動しているかがわかるのだから。

ここでは、真実を引き出すメソッドの基盤となるゆさぶりのテクニックについてさらに深く考えてみたい。面談や取り調べの場面だけでなく、**利害関係が対立する相手との交渉場面でどう応用できるか**をみていこう。

これまで業務としてさまざまな状況下で人と面談し、情報を引き出す経験を積んできたなかで実感するのは、「**ゆさぶる**」ということの重要性である。相手から真実の情報を引き出すだけでなく、いま取り扱っている問題に話を集中させるためにも効果がある。自分が業界で最も有能だと言うつもりはないし、失敗もたくさん経験してきた。とはいえ失敗から学んだことも多く、ここでみなさんのお役に立てるとしたら幸いに思う。

この付録Ⅰでは、真実を引き出すメソッドがなぜ効果を発揮するのかについて考える。またこのメソッドを私たちの**日常生活でどのように応用できるか**をご説明しよう。

＊編集部注：以下の1～13は、本文の1～13の章と対応しており、それぞれの章の内容を解説しつつ、その活用法について具体的に述べています。

1 楽観バイアス

スパイ、ハッカー、強盗、浮気者、ギャンブラーに共通するものは何だろうか。なぞなぞのようだが、冗談話ではない。答えは、「自分だけはうまく切り抜けられる」と思っていることだ。

メアリーはただ黙ってＣＩＡを辞めるという選択肢もあったのに、あえて世界屈指の取調官によるポリグラフ検査を受けた。オサマ・ビン・ラディンが身を潜めていたのは米軍関係者がしょっちゅう立ち寄るエリア内だった。運転しながら携帯メールをする人は多い。当選確率を考えたら、どうみても損をするのがわかりきっているのに、それでも人は宝くじを買う。なぜそんなことをするのだろうか？

一言でいえば、こういう人たちは——実際、私たちの大多数がそうだ——楽観バイアスのなかで愉快な夢を見たいと思うからだ。

L・フランク・ボームの『オズの魔法使い』では、エメラルドシティに入る前、みな緑色のめがねをかける。すると現実よりもさらに緑が濃く見える。楽観バイアスも同じようなものだ。私たちはとかく、楽観バイアスのめがねをかけて現実より魅力的な世界を見たいと思ってしまう。

自分には悪いことなんて絶対起こらない。服役だの離婚訴訟だの正面衝突事故だの、そんな不幸になるわけがない。「ばかな」と思う前に、考えてみてほしい。有名研究者タリ・シャロットによれば、たいていの人が楽観バイアスをもっている。多くの場合、軽いバイアスであれば問題ないが、それでも状況をきちんと評価し、自分が緑色のめがねをかけ無謀な賭けをしていないかどうか確認しておいたほうがいい。

同じことをしていても、悪いことは他人に起こり、自分には起こらない。自分にはきっといいことが起こる——こう思うなら、楽観バイアスにはまっている。このバイアスのおかげで、人は危険な行動に出かねない。自分は捕まらない、痛い目にあわない、と確信しているのだから。有能な交渉人や取調官はこのバイアスの存在を知っている。自分にも他人にもあることがわかっているので、それに合わせて行動を修正していく。私たちは自分や家族、友人のことについては楽観的になる反面、他人については、そうそううまくいくわけがない、と思う。訴訟を担当するとき「自分は勝てそうだ」と思うとしたら、同時に「相手方の弁護士は無能できっと失敗する」と思っている。そういうことだ。

だいたいどこの国でも、警察官に嘘を言うことは罪にあたる。微罪ですむ場合もあるかもしれないが、実刑判決が出る可能性もある。それでも人は警察官に嘘をつく。捕まらないことを期待しながら。いや、本気で信じている人もいるだろう。

ほかの国同様、合衆国の入国審査官に虚偽の申告をすることも犯罪である。二重国籍をもつ人が、犯罪歴を理由に入国ビザが下りなかったため、別のパスポートを使って入国を試みた例がある。両国で起訴されるリスクがあるのに、である。理性的に考えられる人ならば、捕まるかもしれないと思ったら、こんなことはしないはずだ。当局が世界中のデータを共有しているハイテク時代にあっては、何年も前の犯罪が後々に発見され、起訴されるというのに。**楽観バイアスのおかげで、人は信じられないくらいリスキーな行動に出る。**

何年も前に担当した刑事裁判の被告の話をしよう。カメラを盗み、質入れしたかどで捕まった容疑者本人は無罪を強く主張していた。警察にも、検察にも、家族にも、刑務所の看守にも。判事にもそう言っていた。ついに裁判の日が来て、彼を逮捕した刑事に声をかけられた。たまたま知り合いだったのだ。「いまちょっと話せませんか」と言うので一緒に行くと、デジタルカメラを見せられた。そこには笑顔の被告人の写真データが何枚も残っていた。撮影したのは質屋。身分証明書がなかったため、店主が写真を撮らせてほしいと言ったそうだ。被告人はこれに従い、店主のカメラの前でいろいろなポーズをとっていた。証拠写真を突きつけられ、私たちは司法取引に応じた。被告は楽観バイアスの罠にはまり、重要な教訓を学んだというわけだ。

古典的な楽観バイアスは家庭生活にも見られる。合衆国では、いまや一〇〇組のカップルのうち五〇組が離婚する。もちろん、シャロットの調査に示されるように、結婚したばかりで自分たちが離婚するかもしれないと宣言するようなカップルはいない。結婚前に夫婦財産に関する合意をとりかわす必要性が高まるから、弁護士にとっては悪いことではないが。それはともかく、結婚生活は永遠に続くと思い込むことは、運転中に携帯を触っても事故を起こさないと思い込むのと同じく、実際、現実離れしている。

楽観バイアスのせいで交渉の場でヘマをする可能性もある。まったくそのつもりもないのに相手方に楽観バイアスをもたせてしまい、自分が不利になってしまうパターンだ。最初のオファーから本音ベースで良心的な価格を提示するとする。相手は「そこが出発点だからもっと値段を下げられる」と思う。「予想よりうまい取引になりそうだぞ」と強気になり、一歩も引かずに、こちらに不利な対案を出してくる。社会心理学でいう「アンカリング*」である。

たとえば、家を売却する場合。一九万ドルぐらいで売れればいいなと考えて二〇万ドルの値をつけたとする。最高で一九万ドルまで払える買い手が現れて、一八万八〇〇〇ドルという金額を申し出た。すると急に楽観バイアスが頭をもたげる。「先方から最初にこれだけ高額を言ってきたのだから、心づもりしていた一九万より高めでいけそうだ」。楽観バイアスがなければ相手の返事を喜んで受け入れ、交渉成立となったはずなのだが、二〇万ドルにあくまでこだわると、この交渉はうまくいかないだろう。

調停の場でよく似たことを数多く経験してきた。そこで私が学んだことを三つの教訓にまとめよう。一つ**「相手から最初にリーズナブルなオファーがあっても、そのままいくと相手に期待させない」**。二つ**「最初のオファーは相手から提示させる」**。そのほうがこちらで評価し出方を考えることができる。三つ**「こちらからは、相手側に楽観バイアスをもたせないような要求を提示する」**。

楽観バイアスは無謀な自信を生む。自信は怪我のもとだ。私たちがそのおかげでどんな危険な小道にはまってしまうか、知っていただきたい。そうすれば、楽観バイアスをはずせるだけではない。うまくいかなくなったときのため危機管理計画を用意するなどして、潜在的なリスクを乗り越えることができるだろう。

善人であれ悪人であれ、たいていは楽観主義者だ。これまで取り調べをしてきた面々、スパイやテロリスト、犯罪者はみな楽観バイアスをもっていた。普通の取調官であれば、きっと傲慢さや自信過剰だと思うところだろう。いずれにせよ、楽観バイアスは思いのほか根深いのである。

2 確認バイアス*

オマールの経歴には疑いを抱かせるものは何もなかった。何年もの間そうしてきたように、今回フィルの面談もうまくすり抜けられるだろう。彼はおそらく確信していたはずだ。フィルにしても、前任者と同じように「問題なし」を確認するくらいのつもりだった。しかし幸いなことに、フィルはだからといって疑問に目をつぶることはしなかった。彼は私たちがいとも簡単に「確認バイアス」にはまることに気づいていた。**人は期待や予測に沿う情報だけを選んで信じようとする。**フィルが真実を引き出せたのは、注意深くバイアスを取り除いたからだ。

確認バイアスにはいろいろな形がある。たとえば、こうあるべきだと思い込んでいる方向に沿った情報だけを探し出し、矛盾するものは無視してしまう。自分の見解に合うように解釈を加える。そうではないことを示す証拠があっても、元の見解に固執する。

『嘘を見抜くテクニック』を読んだ方なら、相手とのやりとりにおいてこの確認バイアスがいかに重大な影響を与えるかご存じだろう。真実を見抜くためには、**真実らしく見えるものは無視し、こちらをだます振る舞いを見抜こうと神経を集中させることが重要だ。**理由は簡単だ。真実らしく見えるものを取り上げても、新たな真実がわかるわけではない。相手の嘘を効果的に分析するためには、必要な情報に絞る必要がある。しかしこのプロセスのあちこちに確認バイアスの罠が仕掛けられている。オマールの場合、二、三〇年にわたり、信頼できる協力者であるという実績があり、忠誠を確認するだけの、型どおりの面接になる予定だった。これほど長い間オマールの嘘がばれなかったのは確認バイアスがあったからだ。私たちはある人物について**いったん何か印象をもつと、その後は当初の印象を確認し、強化するような情報だけを選ぶ傾向がある。**矛盾する情報があっても、である。

第一印象が正直な人だとすると、正直さを示す行動だけを見て、その評価を固めていく。職業や評判を聞いてある人物を信頼するということは珍しくないが、これも確認バイアスの一つだ。先入観を裏付ける情報を選択し、先入観に合うように解釈していくのだ。

本物の法廷でも法廷ドラマでも、弁護士はこの確認バイアスを利用して、巧みに反対尋問をおこなっている。O・J・シンプソンの弁護士ジョニー・コクランは、捜査員たちが最初からシンプソンを犯人と決めつけ、有罪を示す証拠しか探そうとしなかったと非難した。

確認バイアスを捨てなければ、あっけなく罠にはまってしまう。「最初の段階で有罪と決めつけて、ほかの可能性を探ろうとはしなかったのではありませんか？」——民事刑事を問わず、私が裁判の反対尋問でよく使うセリフである。固定観念を捨てて真実を探し、客観的な方法論を用いたことを示さなければ、この問いに反論することはできないだろう。

私はこれまで、ドメスティック・バイオレンスの被害者を数多く担当してきた。愛する人と信じる相手から肉体的精神的暴力をふるわれた苦しみは、筆舌に尽くしがたい。ところがここにも確認バイアスが存在している。虐待されても相手から愛されているのだと、被害者本人が信じて疑わないのである。

一つ典型的な例をあげよう。ジュリー（仮名）は夫のジョージ（仮名）から長年ドメスティック・バイオレンスを受けていた。しかし六歳の息子のため、必死に結婚生活を続けようとしていた。ある日、ジュリーは夫、息子とともに結婚生活カウンセリングを受けに牧師宅に向かった。

車が牧師宅に着くと、ジョージは「ドアベルを鳴らしておいで」と息子に言った。車内に残ったジュリーのうしろで銃のカチッという音がした。振り返ると、銃が自分に向けられている。車から逃げ出したジュリーに、ジョージが引き金を引いた。奇跡的に弾はそれたが、ジュリーの左太ももは血だらけになった。「撃たれた！」と苦しそうに叫び、彼女は倒れ込んだ。ジョージは銃を手に、倒れた妻を上から眺めていた。

「はずれてるな。今度こそだ」そして再び引き金を引いた。ジュリーは肩に大怪我を負った。ジョージは車で逃走し、警察に逮捕された。

何度か手術を受け、長期入院を経て、ジュリーが私のオフィスに現れた。接近禁止命令を出してほしいと言う。しかし、その打ち合わせで心底驚いたことがあった。これほど心身ともに苦しめられ、殺されかけたというのに、ジュリーは夫の「美点」をいくつもあげた。親戚を通じて謝罪もしてくれたし、息子に誕生日プレゼントが届くようにしてくれたんです。ジョージは私のことを愛してくれています。そう言っていました。すまないと言って、プレゼントもくれました。

ジュリーは夫が愛してくれているという「証拠」を必死になってかき集め、しがみついた。実際にはその逆を示す証拠が山積みになっていたのだが。私は彼女を責められない。ドメスティック・バイオレンスの被害者を責めることはできない。私たちの多くが、覆せないほど強い確認バイアスをもっている。ジュリーの場合もそうだ。人は簡単に確認バイアスの犠牲になってしまう。ドメスティック・バイオレンスの事件で確認バイアスが最も重要だというつもりはないが、確認バイアスについてもっと調べ、理解し、ドメスティック・バイオレンスの被害者の手助けをしたいと思うようになった。

確認バイアスを助長するのは何だろうか。じつはそうでないのに、自分は大丈夫、客観的で頭が柔らかいと思っていることだ。認めたくないだろうが、ある実験を紹介しよう。

交渉の講座では、確認バイアスを説明するため、心理学者バートラム・R・フォアの実験を用いている（「バーナム効果」「フォアラー効果*」として知られる）。これからお話しすることは、テレビメディアのファンや霊能者たちからは総スカンだろうが、かまわず続ける。この実験を見たら、人気の霊能者（この点でいえばセールスパーソンも）が誰にでも当てはまるようなことを言っているのになぜ信じられるかがわかるだろう。

フォアの実験はシンプルである。一つニセの性格テストを作り、被験者に分析結果を渡す。テストの回答によって一人ひとり別の内容ということになっているが、じつは全部同じ文だった。

あなたは他人から好かれたい、賞賛してほしいと思っていますが、自己を批判する傾向にあります。まだ生かしきれていない才能をかなりもっています。性格的に弱点もありますが、ふだんは克服できます。外見的には規律正しく自制的ですが、内心ではくよくよしたり不安になったりしがちです。正しい判断や正しい行動をしたのかどうか真剣に考えることもあります。ある程度の変化や多様性を好み、制約を受けたり限界に直面したりしたときには不満を感じます。独自の考えをもっていることを誇りに思い、十分な根拠もない他人の意見を聞き入れることはありません。他人に自分のことを何もかも見せてしまうのは賢明でないと思っています。外向的・社交的で愛想よく振る舞うときもありますが、反面、内向的で用心深く遠慮がちなときもあります。やや非現実的な希望ももっています。安定こそが人生の目標です。

見てのとおり、誰にでも当てはまることが書いてある。条件付けや、矛盾した文言もある。ところが被験者たちに感想を聞くと、非常に正確で自分に当てはまる、と答える。みなまずは書かれているなかで「ポジティブな面」を見つけ出す。誰でも自分の性格のなかで長所と思うところはあるわけで、性格分析文を見てその長所を確認するのだ。そして、文全体を正確な分析だと思い込む。私はこの実験を授業で何年も使ってきたが、学生は例外なくひっかかった。

つまり、こういうことである。**相手があなたのことをポジティブに評価しているときは確認バイアスに陥らないように注意したほうがいい。**私が担当したある依頼人の例をお話ししよう。人身傷害について先に合意した示談を無効にするというケースだった。

依頼人の説明によれば、先方から「あなたのビジネスの才能は卓越しています。たしかに怪我を負い治療を受けておられるが、そんなことはあなたの能力に何のマイナスにもならないでしょう」と言ってきた。自分の知的能力を評価したうえでの結論なのだと依頼人は考えていた。むしろもし違うことを言う人がいたら、その人のほうこそ自分を利用しようとしているのだ、と。

つまり先方の本音はこういうことだ。「あなたの治療記録を読みました。ビジネスで高い能力をおもちだから怪我など関係ないでしょう。賠償金も払わなくていいですよね？　他の人の意見など聞いては困りますよ」。

不運なことに、いったん成立した調停案を覆すのは難しかった。依頼人も苦い経験からフォアラー効果について学び、誰が自分を利用しようとしているのかを学んだことだろう。

話をオマールのケースに戻そう。オマールは意識的にせよ無意識的にせよ、これまでの実績から、フィルが自分を「信頼できる協力者である」と思ってくれるのではないか、と期待していた。信仰心を示すことでフィルの「確信」も強まるはずだと思っていただろう。しかし、フィルはバイアスをしっかり取り除いていた。結果、確かめられたのは、オマールの忠誠心ではなく、フィルの方法の効果であった。

3 説得力を増すコツ

オマールと面談したフィルは、オマールが嘘をついていることに気づいた。じつは二重スパイで、二〇年間だましつづけていたことも。この男が合衆国に深刻な脅威であることは間違いない。しかし、フィルにわかったところで、証明できるかというとまったく別問題だ。〈聞く・観察する〉段階から〈説得する・真実を語らせる〉段階へどう進めるか。転調のしかたがこの面談（取り調べ）の成否を決めるカギとなる。合衆国の安全にとっても重大な影響を与えることはいうまでもない。任務はとてつもなく重大だ。

情報を隠しておきたい相手から情報を引き出すにせよ、払いたくない金を払わせるにせよ、好条件で賃貸契約を結ぶにせよ、転調のポイントで、相手の言葉を評価する立場から擁護する味方に変わる。

交渉の場において、相手を説得するための五つのステップを紹介しよう。

⑴ 準備
⑵ 判断
⑶ 説得
⑷ 提案と選択肢のやりとり
⑸ 結論

相手と会う前の準備は大事だ。まずは質問を投げかけ、よく聞き、観察し、相手のメッセージをきっちり評価したい。準備段階でのリサーチや第一段階での相手の様子から、相手の動機やねらいも把握しておこう。

そのうえで、いよいよ「相手の味方」と思わせることで相手を説得し、こちらが求めるものを引き出す段階である。取り調べであれば、真実を話してもらうこと。交渉の場であれば、ねらっている解決策への合意となる。「相手の味方」と思わせるスキルを身につけるには相当の年数がかかると思われているが、じつはそうではない。**誰でも説得力ある言葉を練り、伝える能力をもっている。**準備ができ、相手のメッセージを聞いたら、その情報をフル活用して説得を試みよう。

交渉の場で、説得力ある言葉（取り調べであれば「モノローグ」にあたる）**に必要なのは、「詳細に語る」「バ**

ランスよく語る」「簡潔に語る」「誠実に語る」である。一つずつ見ていこう。

●詳細に語る

相手に考えてほしいポイントをきっちり説明しよう。自分の主張を補強できるような写真や文書を示すのもいい。車など大きな買い物であれば、他店での価格表などを持っていくと役に立つ。

●バランスよく語る

一方的になって相手の立場に聞く耳をもたないというのはよくない。相手の主張に反論できる情報や証拠があれば示すべきだが、相手の主張にも合理性がある場合はきちんと聞こう。こちらが反論できない場合、あるいはどのみち大して負担がない要求であれば譲歩したほうがいい。

●簡潔に語る

いまの論点だけに絞ろう。すでにわかっていることは持ち出さない。個人攻撃はすべきでない。相手を見下したり恥をかかせたりすると、あるいは自分の話ばかりしていると、相手も注意散漫になる。

●誠実に語る

法廷や選挙演説でなくても、相手に誠意を示すことは非常に重要である。主張する際に感情的になったとしても、それが演出でないならば、また常識の範囲内であれば、問題はない。心からそう思っているというしるしになる。

最後に大事なことを一つ。**交渉の間は最後まで気を抜かないこと。**互いに真剣に話を聞き、一言も聞きもらさないように。そのために**邪魔は一切排除しておく。携帯の電源を切り、パソコンもそばに置かない。**相手にもそうしてもらおう。

4 「好き」と思われたい！

「フォーランド人が好きなんです」。どうしてＦＩＳに加担したかと理由を訊かれ、リーはこう答えた。じつに簡単な言葉であるが、この言葉は想像を超える力をもっている。「好き」というパワーを考えてみよう。

本書を通じて何度も出てきたのが**「嫌われる人にならない」ことが大事**ということだ。面談であれ、交渉であれ、裁判であれ、政治活動、日常的な営業の電話、何であれ、まず私たちは**「好かれる」――せめて「嫌われない」**――ようにしなければならない。

個人的・社会的なプレッシャーから、好きな人には「イエス」と言うし、頼まれごとにも応じたくなるものだ。慈善団体、企業家、諜報機関、そして弁護士もみな、言葉や笑顔、優しい仕草、一本の電話の効力をよく知っている。

弁護士として、はじめのころ友人ジム・ビリングズから言われたことがある。「世間を法廷だと思え。街中で出会う人びとはいつ陪審員になるかわからない」。朝、家を出るときから、接する人みなが陪審員のつもりで振る舞うのだ。どこに行こうと、陪審員に見られているかもしれない。駐車場で唯一残った空きスペースに、別の車を遮って無理やり車を入れたとき。私が入った後、ドアが次の人の前でピシャリと閉まったとき。こんな状況をたまたま見ていた人が陪審員になったとしたら、いくら弁護を頑張っても印象は最悪だ。陪審員に好かれたいと思っているわけではない。好かれたらいいことがあるかどうかでもない。ただ「嫌われない」ことが大事なのである。

私がかかわったある裁判の話をしよう。宣誓証言の際、相手方の弁護士は非常に不機嫌だった。当時は宣誓証言をビデオに録画していた。相手方弁護士はイライラが募る一方で、「異議あり！」を連発した。何度か続いたので私はこう言った。

「私の質問が終わるまで待っていただけませんか」

「何だと。くそったれが。私は異議を出したいときに出すんだ」

「ここではそうした品位に欠ける言葉は不要ですよ」

宣誓が終わっていったんその場を離れるとき、件の弁護士が近寄ってきて謝罪した。

「申し訳ない。怒っていると思わなかったんだ」

「怒っていませんよ。ビデオの前では言葉に気をつけるだけです」

というのも、裁判がおこなわれたのは南部でも信仰の篤いバイブルベルトと言われる地域だった。人を罵るときに神を冒瀆するような言葉を用いたとしたら、どんな印象を与えることか。ビデオを見た判事や陪審員はどちら側に好意をもつだろう？

こんな例もある。クリスマスまであと一週間というある日、保護観察中に違反を犯した被告が法廷に集められた。懲戒から服役まで、めいめいに罰が言いわたされる。

当日の判事はクリフ・エバレットで、ユーモア好きで通っていた。

「みなさんの状況に応じて歌う歌が決まります。『憂うつなクリスマス』でしょうか、それとも『クリスマスにはおうちに帰ろう』でしょうか」

何人かの被告について判断を下したあと、中年の女性の番になった。

「言いたいことは」

「ありません。一つめの歌をお願いします」

笑いが起こった。エバレット判事も笑った。この女性は何の申し開きもせず、自分の処遇をかけて冗談を言ったのだ。判事は口頭での譴責《けんせき》にとどめ、女性を家に帰した。「好かれる」ことのパワー、正直であることのパワーが勝利したといえる。

ソ連に通じていた二重スパイ、オルドリッチ・エイムズは「好かれる」パワーを利用して、長年ポリグラフ検査をすり抜けてきた。エイドリアン・ハビルによれば、エイムズは自分がばれずに二重スパイを続けられた理由についてこう説明している。「信頼感がすべてだ。検査官との信頼を築き、親しい関係をつくること。ニコッと笑って、自分が好感をもっていることを伝えよう」。

どれくらい人に好かれるか。これにはさまざまな要因がある。**誰かを褒めれば、めぐりめぐってその人から好感をもってもらえる。見た目も大切だ。**調査によれば、見た目がいいとそれだけ好感をもたれやすい。また、正直で才能があり、親切な人という印象を与えるという。**身だしなみももちろん大事。**仕事で相手に対する場合は、きちんとした格好で相手に好印象を与えよう。

名前、特に**ファーストネームで呼びかけると、**親しみがわき好意をもたれやすい。セールスパーソンは売り込みのときさりげなく名前を織り込んでくる。そのことに気づいて、一度、妻と大きな買い物をするときセールスパーソンが何度こちらのファーストネームを呼ぶか回数を数えたことがある。やりすぎると嘘くさいし逆効果だが、相手の名前をほどよく織り込むことで、**相手は安心し、こちらの言うことを聞いてくれやすくなる。**

弁護士という職業でも、名前を呼ぶことは効果がある。窃盗の常習犯ジム・トーマス（仮名）の弁護をしたときの話だ。裁判当日、法廷に現れたのはあいにく厳しい裁断を下すことで知られている判事だった。なんという不運。被告人が入廷すると判事は廷吏に「ミスター・トーマスの手錠をはずしなさい」と指示した。人に危害を与えることはないだろう、という。さらに「ドアの施錠を解くように」と命じた。本法廷は人民の法廷であり、見たい人を妨げるものではない、正義がおこなわれる場面であれば見られてもよいはずだ、というのである。そして被告人には名前で呼びかけ、敬意をもって接した。ジムはすっかり心酔していた。

私たちは四件のうち二件の罪状を認めた。判事はいくつかジムに質問をしたが、いずれも穏やかで冷静な口調を崩さなかった。また何度も「ミスター・トーマス」「ジム」と呼んでいた。効果は計り知れなかった。判決は最も厳しい実刑であったのに、ジムは判事が敬意をもって接してくれたことに感謝の意を表した。そして微笑みをたたえて法廷をあとにした。「誰も俺に正面切って話しかけはしない。裁判だって俺のことをどうこう話すだけで『被告人』としか言わない」。ジムは心から判事を好きになっていた。

それとなく親密さを感じさせることも有効だ。ニコラス・グーグエンらの研究によると、握手するとき軽く腕に触れるとよい。ただし、しつこいと奇妙だし不快感を与えかねない。面談の前に握手をしながら腕に触れると、ある種の個人的なつながりが生まれ、そのあとの仕事がうまくいく。政治家がこのテクニックを利用した例が『プライマリー・カラーズ』である。

ミラーリング*（模倣）**も役に立つ。私たちは生い立ち、意見、ライフスタイル、性格の似た人に好意をもちやすい。**しぐさもそうだ。しかしこれはあくまでさりげなくすること。目につくようであると、上っ面だけに見える。あるいは相手を真似して小ばかにしているように思われるかもしれない。効果的にすれば大いに役立つ。

証人に宣誓証言をしてもらったり、交渉の場を設けたりするときはいつも**事前に相手のことを詳しく調べる。また、時間をとって自己**（スタッフも含め）**紹介**し、オフィスを案内したり、好きなものを訊いたり、自分の話を少ししたりする。共通点があればなおのことだ。そうすることで、本題に入る前にお互いに親近感をもてる。考えてみてほしい。自分と同じ興味をもっているとか、同じチームのファンだとか、社会や文学などについての意見が同じだとか、そういうことがわかっていたら、相手に対する親近感がぐっと密になるはずだ。これも一つのミラーリングである。

車を買う店のセールスパーソンは、あなたと同じスポーツチームのファンではないか？　最近、妻が車を買うのについていった。代理店のなかには、セールスパーソンの顔が見えない店もあった。応援しているチームのポスターや記念品が何も置いていない。どうしてだろう。ある特定の大学やチームを応援していると わかったら、別の大学の卒業生やライバルチームのファンに好かれないのではないか、と思うのだろうか。

失敗例を一つ。ある大学で寄付金集めの仕事をしているヘンリー（仮名）が、裕福な卒業生レナード（仮名）と面会した。レナードは大学のバスケットボールを支援している帽子をかぶっている。バスケットボールの熱狂的なファンらしい。ヘンリーは言った。

「私はバスケットボールが大好きで、そのチームをものすごく応援してるんです」

「えっ、女子チームを?」

レナードの口調から判断するに、女子バスケットボールのことはそれほど好きではないのだろう。そこで、「いえ、やはり女子の試合はどうも迫力が足りませんね」と答えた。

これは大失敗だった。事前調査ができていなかった。

「娘を知らないんだね。娘はこのチームの選手なんだよ。言わせてもらえば、男子の試合よりずっとおもしろいね」

このバツの悪さといったら！　誤送信した恥ずかしいメールを必死に回収しようとするようなものだ。ヘンリーは「やっぱり女子バスケットボールのほうがいいですよねぇ」と必死でフォローしようとしたが、後の祭りだった。相手におもねっているだけだということがバレてしまったから。ヘンリーの好感度は上がらなかった。

5「私たち」が効果を発揮する

世界各国で、強制的ではないものの法廷で「いきすぎ」と批判される取り調べ方法についてその合法性が議論されている。私たちが使っているメソッドが優れていると思えるのはまさにこうした点である。

これまで、相手に好かれることの効果をお話ししてきた。私たちのメソッドでは**相手と共感するような態度での質問やモノローグ**が用いられる。相手と協力し、相手の考えを理解し、理解していることを相手に伝え、情報をみずから話したいという気にさせる。**高圧的な手法では真実を得られない**。無実の人を巻き込み、有罪の人間を野放しにする危険がある。

交渉の場においては、互いに協力し、批判するのではなく先方の考えを理解する。ハーバード交渉術のウィリアム・ユーリーのいう「**歩み寄り**」だ。こちらも歩み寄るから、先方にも敵対心をもたず、ともに協力して結論を得ようという姿勢で交渉の席についてもらおう。最良の結果を引き出せるし、長期的によい関係が続く。倫理的かつ有能な交渉人という評価も得られる。

よい結果を導き出すことは容易ではないが、まず**穏やかな落ち着いた口調で、「どうすれば私たちは本件を解決できると思われますか?」と切り出してみる**とよい。このアプローチは信じられないくらい効果がある。「**こちら―そちら**」**という対立のシナリオではなく、「私たち」が一緒に解決しようという姿勢をみせる**ことができるからだ。テーブルを叩き、怒った顔で要求をつきつけるよりはるかにスムーズだ。

相手方から提案を受けたら、感謝の言葉を述べてから、それをもとに粘り強く冷静に話し合おう。じつは**相手方の提案を受けて始めるほうが、望みどおりの結果につながる**。

離婚時の財産分与の案件を担当したことがある。夫アンドリューのドメスティック・バイオレンスが発端となった非常に複雑なケースだった。妻ドロシーは重傷を負っているため、私たちは通常の財産分与でなく人身損害請求をしようと考えた。通常の離婚であれば、妻が要求できるのは夫婦の総財産の最大五〇%どまりだが、人身損害請求の案件では陪審員の考えしだいである。賭けに近いが、やってみる価値はあった。

こういった場合、私は相手方の弁護士やその依頼人に何度も面会し、必要があれば妻と電話で話をするようにしている。夫婦が同じ部屋で顔を合わせれば、妻側にとって大きなプレッシャーとなり、夫が優勢になるからだ。

アンドリューは高給取りの専門職従事者。専業主婦の妻を支配し、精神的に虐待したばかりではなく子どもたちの目の前で暴力もふるった。

アンドリュー側の最初の提案は、持ち家の名義を妻に変えるというものだった。ただしローンはドロシーが引き継ぐ。普通なら、お話にならないと拒絶すべき提案だ。家賃、仕事を得るまでの生活費、子どもたちの養育費もかかるのだ。夫の暴力による怪我に対する補償もなかった。

椅子を蹴って立ち、裁判に打って出ようかとも思った。しかし私はそうしなかった。チャンスはある。この提案を出発点にして、何とか合意点を探ろうとした。

まず、私は交渉の出発点として、アンドリューが解決を探るべく協力しようと考えてくれたこと、妻と子どもに対する愛情を示してくれたことに感謝した。

子どもたちを愛しているとは思えなかったし、妻に対して愛情など微塵もないことはわかっていたが、とにかく交渉の席に着いてくれたのは確かである。「私たち」はともに最初の提案を取り上げ、それを元に話を進めていった。私はドロシーのために淡々と落ち着いて交渉を進めた。新たに提案を重ねるときには、取り調べの場面で使ったのと似たモノローグを用いた。あなたは公正で公平な解決を探そう、行動で妻子への愛を示します、と約束しましたね。完璧な結婚生活というのはありえません。怒ったり、感情的になったり、あとで後悔するような出来事も起こります。そのうえで、間違ったことをしても私たちには正しい方向に戻す能力がそなわっているんです、と言った。どんな状況であれドメスティック・バイオレンスをするような男は許しがたいと思ったが、個人的な軽蔑はこの際、脇に置いておいた。

最終的に成立した同意では、アンドリューが家のローンを支払い、名義をドロシーに変え、後には子どもたちに渡すことになった。さらに七桁の慰謝料、数年にわたる接近禁止も決まった。この接近禁止令は一般の法廷で下されるものよりも手厚く、ドロシーは大いに安心することができた。

特筆すべきは、アンドリューの行動だろう。彼はみずからの意思で交渉に応じ、当初約束した言葉のとおりに一歩一歩進めていった。ウィリアム・ユーリーはこのアプローチについて、孫子の言葉を用いて「敵のために退路を用意する」と述べた。相手も勝利を宣言でき、自分の手柄だと思える。

強い態度で臨み、ごり押しの交渉をすることこそがよい結果を生む、というのは広く一般に信じられているが、実は真実を引き出すことからは程遠い。

うまくいくときもあるが、ごり押しタイプでいくと、相手はかえって意見が凝り固まり、妥協しようとしなくなる。「売り言葉に買い言葉」にもなりがちだ。さらに、「ごり押しばかりでいやな人だった」と悪口を言いふらされることもある。結局、ごり押しタイプはいろいろな点でマイナスが多いのだ。

数年前のことだが、ある弁護士が私生活の苦しみからうつ病にかかり、依頼人の訴訟手続きがストップしてしまった。

多くの弁護士は苦境を察し、できる範囲ではあるが手を差し伸べた。ところがなかにはこれ幸いと、弱みにつけ込んで、欠席判決をもぎ取ろうとする者もいた。

公判日が来て、欠席判決を求めた弁護士たちは当然望みどおりの判断が下されるものと、わくわくして集まった。

判事は言った。

「私は判事としてこれまでずっと、このように信じてきました。依頼人の代理を務める弁護士とは、正しいこと、正義であること、倫理にかなうことをすべきである、と。どんなあくどい手を使っても勝てばいい、というやり方で弁護士の品位を傷つけることがあってはなりません。相手方の弁護士はいま大変苦しんでおられます。正義が間違いなくおこなわれるようにするのは、私たちの義務です。本日は欠席判決を下しません。欠席裁判を求めて集まった面々を私は忘れないでしょう」

ごり押し弁護士たちはすごすごと引き上げた。情け知らずのやり方は捨てるしかなかった。法廷に正義はあったのだ。

6 酸っぱいブドウ――モノローグと認知的不協和*の力の活用

モノローグの目的は、**相手に安心してもらうこと、自分は裁かれていないと思わせること**だ。「認知的不協和」（二つの相反する思考、信念を同時にもつときに感じる不快感）を理解することで、この効果はさらに高まる。

ジョージ・オーウェルは『一九八四』で二つの対立する信念をもつことを「**二重思考**（ダブルシンク）」と言い表した。この小説では人々が「二重」であることに気づいていないため、二重思考は不快感を生まないが、現実ではいやというほど気づかされる。私たちは思考プロセスを変えることで、この不快感を何とかしようとする。現実認識を変えることでこの葛藤をうまく説明しようとする、ともいえるだろう。

ビジネス交渉の講義で教わる認知的不協和の具体例といえば、イソップ寓話の「酸っぱいブドウ」である。高いところにあるブドウが美味しそうに見えて、キツネは食べたくてしかたがない。しかし、どう頑張っても届かない、というあの寓話である。

ブドウは手に入らない、と気づいたキツネは、この葛藤の折り合いをつけることになる。なかなか頭のいいキツネで、これまでは、いつも欲しいものが手に入ってきた。しかし、いま目の前のブドウは高い位置にあるという理由であきらめざるをえない。そこで「自分は思っていたほど利口なわけではなかったんだ」と認めるのでなく、キツネは「もともとブドウなんか欲しくなかった」と考える。「あのブドウはきっと酸っぱい」と思うことで認知的不協和を解決したのだ。

罪を犯した人、事実をゆがめて言う人、嘘をついている人は、みな認知的不協和の状況に置かれている。**したことは間違っている、悪いことだとよくよくわかっているのだが、自分を犯罪者あるいは悪人とは思いたくない。**それでこの不協和をなんとか解決しなければならなくなる。取り調べの場面では、モノローグが不協和を解決する手段になりうる。自白に導き、不快感を取り除くことができるからだ。

モノローグは「その場思考」を続けさせ、枝葉の事柄に焦点を当てさせないという意図がある。説得力のある説明をしたり、合理的な言い訳を用意してやったり、先の結果を重く考えさせなかったり、自分一人じゃないと思わせたり、そうした言葉が薬となって相手の痛みを和らげ、不協和を解決していく。結果として、**相手は自分の悪い行為を認めるが、自分自身が悪人であると思う必要はない。**

交渉の場面で実際に生かされた例を紹介しよう。

オフィスビルの建築にあたり、請負業者とトラブルになったクライアントがいた。もともと建築コストに請負業者のフィーも上乗せして払うことで合意していたのだが、終わってみると、クライアントが予想したよりはるかに多額の請求書が送られてきた。訴えが起こされ、調停のためのヒアリングがおこなわれた。そこで私たちが話したことは――、

「あらゆる事業において、業務が窮地に陥ったりうまくいかなくなったりすることはあります。誰だって計算ミスはしますし、下請け業者として契約した人も計算ミスはするでしょう。有能であるなら当然のことです。仕事に忙殺されて混乱状態になってしまいますから。今回も、おそらくそういうことだと思うんですよ。請求された金額は、こちらが当初考えていた金額とあまりに差が開きすぎています。そこで、一歩戻って考えてみたらどうでしょうか。納入業者や下請け業者からの請求書を全部チェックし、もういちど計算を

見直しては?」

このアプローチで、クライアントが満足する結果が得られた。最初から相手を嘘つき呼ばわりしたら決裂していたかもしれない。相手の立場に立った合理的説明など、取り調べのモノローグの要素が効果を発揮し、相手の防衛本能を弱め、納得の結論を導き出したのである。

7 言ったことは守らせる

朝鮮戦争のとき、中国は、アメリカ人捕虜に情報を提供させるのは非常に難しいと知っていた。アメリカ人捕虜がプロパガンダの片棒を進んでかつぐとも思えなかった。ところが実際には、中国は目的の多くを達成できた。「**ゆさぶり、動かす**」という単純な方法を用いたからだが、これは**相手の抵抗を克服するうえできわめて効力を発揮する。**社会心理学者ロバート・チャルディーニも著書『影響力の武器――なぜ、人は動かされるのか』でこのことを取り上げている。

中国人たちはアメリカ人捕虜に対して、少し譲歩するよう言葉で説得しただけだった。時が経つにつれて、譲歩の積み重ねがものをいい、捕虜たちの発言は親中・反欧米の度合いを増してきた。中国諜報機関は人間を動かす心理学をたくみに利用したのである。つまり、**人は公的な発言と、他者からみたイメージに一致した行動をしたいと思う**ものなのだ。

政治家の歴史修正主義にからんだ最近の政治スキャンダルを見るにつけ不思議に思うことがある。間違いを連発して反論や訂正を招くような人物を、なぜわざわざ弁護する人がいるのだろう。答えは単純だ。人は立場を変えたと思われたくないのだ。

アラスカ州知事のサラ・ペイリンが二〇一一年ボストンを訪問した折、独立戦争の英雄ポール・リビアの騎行について史実と違う発言をしたことを覚えておられるだろうか。憲法修正第二条を支持する発言では、子どもでも知っているような歴史を大胆に改変してのけた。間違いは明らかだったが、ペイリンも支持者も発言を弁護した。どんな間違いをしても、支持者はペイリンの味方をした。理由は——前言を撤回せず、一貫した姿勢を見せたいからだ。

一度言ったことは間違っていても押し通す。発言がぶれていると思われるのではないかという不安は、間違いがわかってしまう不安にまさる。支持者にとって、彼女は自分自身、また自分の価値観の代弁者である。だからこそ、事実が違っていようと、彼女を支持しつづけるしかないのだ。

アイルランドの作家・詩人オスカー・ワイルドはかつて「**一貫性というのは想像力を欠いた人間の最後のよりどころである**」と述べた。一度言ったことは撤回せず、一貫性を見せようとする、という心理をよく言いあてているだろう。いわば自動操縦のパイロットのようなものだ。いったん口にしたら、あとはその発言に合致するコースをたどるだけ。このおかげで、私たちは動かされたり、つけこまれたり、利用されたりしかねない。もちろん私たちが他人を動かす場合にも応用できる。

交渉術の講座では、**立場ありきで交渉するとうまくいかない**のはなぜか、という例としてこの話を取り上げている。**相手が自分の立場を守ろうとすると、頑なになり、立場に合致する主張のみをくり返す。**面談や取り調べでも同じことがいえる。相手が立場を明らかにすればするほど頑固になり、真実を引き出すのが難しくなる。そうではなく、**相手の利益に注意を向ける**ことだ。**自分の利益や目的にも合い、相手にとっても利益になることは何か**をつきとめる。**相手が利益を最優先にし、それに合った行動をとれるように促す**とよい。

弁護士として、もともと仲の悪かった判事からこの方法で期待の判決を引き出したことがある。もし失敗すれば依頼人に多額の支払いが課せられる案件だった。私には有利な点が二つあった。一つはこの判事がより上のポストを狙っており、「伝統的な法解釈を下します」と発言していたこと。もう一つは、依頼人に厳しい判決を下そうとすれば、新奇な法解釈をするしかなかったことだ。

判決が下される日は、たまたまその日最初の法廷だったこともあり、弁護士や依頼人、陪審員らが詰めかけていた。私は法解釈という点を強調し、「依頼人の主張に反する判断が出されるのであれば、法を書き替え、新たな解釈を下す判事となることにほかなりません」と陳述を締めくくった。当然のことながら、私は勝った。判事はおそらくはらわたが煮えくり返る気分だっただろう。

いうまでもなく、社会的にも政治的にも「一貫性がある」*と思われたほうがいい。意見がコロコロ変わる、と言われたい政治家がいるだろうか。実際これはかなりの侮辱になりうる。チャルディーニは、一九世紀の英国人化学者・自然哲学者マイケル・ファラデーの言葉を引用した。軽蔑しているライバル化学者のことを「彼はいつも間違っているのか？」と尋ねられ、ファラデーは「あまり一貫性がない」と答えた。このように、**「一貫性がない」とみられることは、間違っていると思われるよりもひどい侮辱とされる。**

前言を違えず一貫した姿勢を貫こうとすれば、仕掛けられた罠に落ちることも防げる。敏腕のセールスパーソンは、契約書や購買注文書の記入を自分でせず、顧客自身にさせている。これは（クーリングオフ制度がある地域はとくにそうだが）セールス・セミナーで日常的に教えられている方法だ。

弁護士もはじめに必ず、料金、条件などを明記した契約書にサインするよう依頼人に求める。契約に責任を負ってもらうため必要な手続きである。宣誓証言でも、証人は真実をすべて答えること、もしわからないことがあればその場で質問することに同意を求められる。目的は二つある。

まず、証言が終了してから、証言者が「あのような答えをしたのは質問の内容がわからなかったからです」と言ってくることを防ぐためだ。もし「違ったことを言った」と言おうとすれば「最初に、わからないことがあればその場で質問すると同意しましたね？」と返せばよい。もう一つは証言者に真実を包み隠さず述べ、協力してもらうためである。途中で非協力的になったら、このときも「最初に真実を述べると同意しましたね」と思い出させることができる。

交渉や調停でもこれはきわめて役に立つ。**最初に、正直かつ建設的な姿勢で協力する、と相手に約束してもらう**のだ。その旨を文書にし、サインしてもらうこともある。

教室でもこのテクニックを用い、学生が与えられた課題をすべて完成させるように仕向けている。ある講座では学生が連続講義（録画）をウェブ上で視聴することになっていた。そこで「全講座を視聴します。もしそうしない場合は、かりにテストの点がよくても単位を放棄します」という合意書を作成し、全員にサインさせた。後日、期末試験でトップの成績をとった学生がやって来て「先生、テストでよい成績をとったので最終回を見なくてもいいですか?」と訊いた。私は彼がサインした契約書を見せた。学生はうなずいて、残りの講義を受けた。

言ったことを守る、一貫性をもつというルールを用いるならば、攻撃側にいることが大切だ。宣誓証言や交渉、調停、家や車の購入であっても、公平に振る舞いルールを守ることを相手に約束させよう。状況によっては、その旨文書を作成し、双方がサインしておくとよい。もし相手が前言を翻しそうになったら、穏やかにこの約束を思い出させることができる。

8 焦らずじっくりと

取り調べでは自分自身の進行具合をチェックすることが重要だ、と書かれていたが、これはビジネスや個人的な交渉の場面でも当てはまる。交渉のプロセスで、**相手がどの段階に来ているのか判断を下すために必**

要な情報を集めることは不可欠だ。

5のケースを思い出してほしい。アンドリューとドロシーの財産分配交渉で、孫子の言う「退路」を築くことができた。はなから自白するつもりで取調室に入る容疑者はいない。同様にアンドリューが交渉の席に着いたとき、思い描いていた結果と、最終的に自ら合意した結果とはまったく異なっていた。忍耐と状況を読み解くシステマティックな方法なしには、「退路」を築くことは不可能だっただろう。

　アンドリューが妻子への愛を示すため、フェアに交渉しようと思っていたのに、私がいきなり「よし、それなら奥さんとお子さんに家を譲りなさい。数年の接近禁止令に署名して、多額の慰謝料を払いなさい」と言ったとしたら、どうなっただろう。まったく違う結果になったはずだ。だから、**焦ってはいけない。**「どうすれば公平だと思いますか?」「これについてはどう思いますか?」「あなたがそうしたら、お子さんはうれしいのでは?」といった問いや言葉をさしはさみながら、**ゆっくり着実に前進する**必要がある。取り調べの場面であれば「ほかには」だったが、交渉の場でも同じことだ。できることをすべてやった、というまで、**土台となるブロックを緻密に積んでいかなければならない。**退路を築くために。

　求めていた自白や合意を得たとき、先を急がないように。自分の首を締める結果になる。モノローグが効果を与えていると思ったら、なおさら細心の注意を払うこと。自分がいまどの段階に来ているか確認しながら、早まらずに話を進めよう。そして**相手に自分の意思で、自分のペースで「退路」を進むよう仕向ける**のだ。焦って背中を押すようなまねをしたら、橋は落ちてしまうだろう。

共通の経験がある、ということは相手と絆を結ぶうえで非常に効果がある。すでにお話ししたことだが、私たちは**好感をもった人、自分と似た人に協力したくなる**ものだ。バックグラウンドが似ているとか同じような失敗をしたとか、そういう共通点があると結びつきが強まり、本当の情報を得やすくなる。

陪審員を選ぶとき、ベテラン弁護士ともなると（判事の許可の範囲内だが）自分自身と被告人の情報を陪審員候補者に話している。共通点があり自分ゴトのように思える弁護士・被告人に対しては肩入れしたくなるものだから、この行動は大きなプラスにはたらく。もちろん話す情報の性質などについて、法や行動規範の遵守は必須であるが。面談、取り調べ、交渉の場面でもこのことは当てはまる。

たとえば、合衆国では犯罪事件の容疑者から事情聴取をするとき、警察官が合法的にわざと事実でないことを伝えることがある。してもいないのに共同被告人は自白したと言ったり、存在しない指紋が見つかったと言ったり、そうしたケースはよくある。しかし実際には違うのに「自白したら刑が軽くなる」という発言をすることは認められない。警察官が事実を歪曲して語ることが一切禁じられている国もある。

交渉の場面でも同様に、弁護士はアメリカ法曹協会による規則を守らなければならない。この規則によると、「依頼者について事実と異なることを第三者に述べてはいけない」とされている。交渉であれ、ビジネスの取引であれ、何かの懇請の場であれ、**偽りの主張をしないように重々気を配る**べきである。ある慈善団体に寄付をしてもらう目的で、親戚が重篤な病気にある、と言ったとしよう。これはきわめて重い罪に当たる。事実でないことを口にするとしたら、重度の危険地域に足を踏み入れたも同じなのだ。虚偽がそれとすぐわかる場合はなおさらだ。何よりこちらの信頼性が完全に打ち砕かれる。目の前の相手と問題に取り組むことができなくなってしまうだろう。

はっきりとわかるように話すことも大事だ。相手の発言の前後関係を無視して言葉尻だけとらえて、非難する人は少なくない。こんな例があった。警察官がインタビューのなかで「ＳＷＡＴ部隊と拳銃の訓練を受けていた」と述べた。質問者はあとでこの発言を取り上げ、次のように反論した。「あなたはSWATにいた、と言いましたね。それは嘘です！　SWATにはいなかったし、応募すらしていないじゃないですか」質問者は激怒し、ありとあらゆることを並べ立てて自分の主張を強調しようとした。しかし実際のところ、この警察官は「SWAT部隊にいた」とは言っていない。「SWAT部隊と拳銃訓練に参加した」と言っただけだ。このエピソードからも、**自分のメッセージを明確に、誤解されないように伝えること**がいかに大切かがわかるだろう。

取り調べの場面では、自分の経歴や経験について少々フィクションをまじえ、誠実さや共感を示すと、二人の間に絆が生まれ、相手は本当のことを話す気になりやすい。ただし、十二分に気をつけること。慎重にしなければならない。可能なかぎり、みずからの偽らざる経験を語って絆を作るのが望ましい。そうすれば、渡りたくない法的倫理的境界線をまたぐようなリスクも軽減できるだろう。

10 ドーナツの効果

人から裁かれるのが好きな人はいないだろう。**目の前にいる人は自分のことを裁いている、と感じたら、防衛本能がわき、敵意も生まれる。**取り調べや交渉の場で何としても避けるべき状況だ。同棲している恋人の実の娘に大怪我を負わせたトミーの取り調べシーンを思い出してほしい。ひどい傷であったが、マイケルはトミーに「裁いているわけではない」とはっきり伝えていた。このおかげで、トミーは「その場思考」を続けることができた。この状況では、裁判にかけられるかもしれない、と課せられる罰をあれこれ思い悩む可能性もあった。マイケルはそうさせないよう、目の前のことだけを考えさせている。トミーに「あんたならどうする?」と訊かれて「自白する」とか「罪を認める」と言わず「本当のことを話す」と答えたのはたまたまではない。

「**人を裁くことなかれ。しからば汝も裁かれざらん**」という言葉は記憶する価値がある。私の好きな詩にW・H・オーデンの「一九三九年九月一日」という作品がある。このなかの一節が特に好きで、印刷してオフィスに貼り、また仕事先にも持ち歩いている。人を裁かないために。面接、交渉、宣誓をおこなう際には怒りと行動をコントロールしよう。いつもこの詩を読んで思いを新たにする。

誰もがみな知っている
子どもたちが学ぶこと
誰かに悪いことをしたら
きっと自分に返ってくる、と。

これは「好き」と思われることの大切さを述べたくだりにもつながる。相互主義の原則ともいえる。**他人にしたこと、他人にしたと思われていることは、いいことであれ悪いことであれ、自分に返ってくる。**他から悪い扱いを受けたら報復する。第二次世界大戦の初期に顕著な例がみられた。フランスを圧したナチスが独仏休戦協定の交渉場所として指定したのは、第一次世界大戦終結時、ドイツが屈辱的な休戦協定に署名したのと同じ鉄道車両だった。しかも博物館からわざわざ運び出し、二〇年前の屈辱を晴らしたのである。フィル、マイケル、スーザンが取り調べの場面にいわゆる映画でみられるような「悪玉警官」まがいの威圧的態度で臨んでいたら、相手はおそらく口を閉ざしていただろう。

何年もの間、私は殺傷がらみのケースで警察官の取り調べ風景を見てきた。依頼人に対して警察官はさまざまなスタイルで尋問するが、はなからけんか腰で来られると、依頼人も私も不信感をもってしまう。穏やかで柔らかな物腰であれば、私たちも敬意を払い信頼するというものだ。

交渉のいわば準備段階として、**メンターから教わった驚きのテクニック**がある。「**食べ物を手土産にする**」ということだ。ドーナツでも、クッキーでも、サンドイッチでもなんでもいい。安くて気軽で、そして二つの面で非常に効果がある。まず、**人はものを食べているとき説得に応じやすい**。また、**人から何かもらうと、その人のことを好きになるだけでなく、恩を感じ、お返しをしなければという気持ちになる**ものだ。

以前、名誉領事を務めたことがある。経済的なパイプを強化するため、儀礼的な仕事が多かった。たとえば外交官を政府役人や企業幹部に紹介するとか、海外の企業と合衆国内の企業を橋渡しするとか、そういうことだ。こうしたミーティングはたいていランチやディナーの席でおこなわれる。譲歩を引き出したい側が会を主催することがほとんどであり、実際、主催者がこの会で多くの利益を手にしていた。外交と国際的なビジネスの世界においても、**相手に好感をもってもらうこと、恩を感じさせることはきわめて有効だといえる。**

試乗にきた客に朝食を無料サービスするカーディーラーも同じ理屈である。客はちょっと恩を感じ、その好意に報いたいという気になるのだ。

だいたい人は相手から親切にしてもらえるとは思っていない。むしろ逆の態度を予想していることが多い。だからこそ、親切に振る舞うとぐっと相手に響く。法廷や取り調べ、交渉の席で、相手はおそらくこちらが強硬な態度に出ると思っているだろう。そんなとき優しい態度を見せれば相手の敵意は薄れ、こちらの気持ちに応えてくれる。いずれにしても、こちらを嫌いになることはないだろう。

交渉の場で、私は**相手が譲歩してくれたことに礼を言う**ようにしている。宣誓証言でも証人に**協力の礼を言う。**たとえば、こんなやりとりがあった。

私　今日はお忙しいところ、ありがとうございました。日程を調整していただき、お越しいただき、くもりのない回答をいただき、ご協力に感謝いたします。

証人　いいえ、実際どうということはなかったですよ。正直に言うと、こんなふうだとは思っていませんでした。ここに来るまでは、ろくな奴じゃないだろうと思っていました。

私　それはありがとうございます。でも本当のところ、数か月もおつき合いすると、やっぱり、こいつはろくな奴じゃないなとわかってしまうんですよ。

私たちはここで笑った。そう、この瞬間、私たちは敵対する人間ではなく、冗談を言い合う関係になっている。法的手続きではどうあれ、私たちふたりはここで同じ側、ユーモア側に立ったことになる。別れるときも、親しい友人のような空気だった。この案件は、まもなく無事決着した。

ドメスティック・バイオレンスの被害者の依頼を受けて、夫側と交渉をした話をしよう。この女性は子どもの目の前で切りつけられ、火のついたタバコを押しつけられ、家具や壁に叩きつけられるというひどい暴力を受けていた。夫側との会議に出る前、私はこの夫を憎んでいた。

会議で話し合う問題は二点あった。彼に罪を認めさせること、保護命令に合意させることである。

これほど傲慢で不作法で不愉快な人間がいるだろうか。まさに人間のクズだ。それでも、会議のとき、裁判所のそばの店でドーナツを一箱買い、持っていった。

妻の代理人だから当然だが、夫は私が憎悪をぶつけてくるだろうと予想していた。私は感情を表に出さないように全力でこらえ、あくまで丁寧に、誠心誠意振る舞った。結果はどうなったか。夫は罪を認め、保護命令にも同意したのである。家は依頼人のものになり、親権と養育費の支払いにも応じた。ドーナツのおかげ？　いやそんなことはないだろう。しかし、もし本音のまま怒りをあらわにしていたら、このような結果は得られなかったに違いない。依頼人にとって、もっとつらい試練が待っていただろう。

親切な態度を見せたり穏やかな口調で話したりしたら、相手から弱さのしるしと思われるのでは……自信がないと見られるかも？　いや、じつは正反対だ。**偉そうに振る舞ったり攻撃的になったりしなくても、思いどおりの結果を出せる**ということなのだから、まさに自信の表れなのだ。

最後にアドバイスを。**交渉や売買契約の場で、相手から予想外の親切を受けたとしたら、いったいどういう意味なのか考えてみる**といい。相手の親切にほだされて、するつもりのなかった譲歩や提案をしてしまった、などということのないように。

11 用心深いガイドのように

はじめに話を聞いた取調官は、ラルフの行為を「わいせつ」という言葉で表現した。このことで、ラルフから本当の話を引き出すのが非常に難しくなってしまった。「わいせつ」という言葉は強烈で、一度烙印を押されたら一生を棒に振るほどの響きがある。ラルフはなんとしても真実を隠さなければ、と思ったにちがいない。

ラルフは自分が一六歳の少女と不適切な性行為をしたことを忘れたわけではない。しかし同時に、自分は善良な人間である——国のためにつくした海兵隊出身で、いまでは警察官として地域に貢献している——と思いたかった。善良な市民は児童にわいせつな行為などしない。したがって、真実を明らかにする機会のないまま、ラルフは葛藤に苦しんでいた。

「わいせつな行為をした人間」と決めつけられたことで、ラルフもその言葉を口にした相手を嫌悪し、自白の可能性はますます遠のいていた。この言葉がよくない理由はもう一つある。ラルフに「取調官は自分を非難し、裁いている」と思わせてしまった。自分を非難する人間が事実をちゃんと理解してくれるはずがない。取調官は自分を刑務所に入れて、キャリアも人生も台無しにしようとしているんだ、ラルフはそう思った。当然、真実を語ることは選択肢になかった。

マイケルが登場して初めて、真実への道筋が開かれた。マイケルはまるで地雷を避けるように用心深い足取りで一歩一歩進んでいった。穏やかな低い声で、ラルフの気持ちをこちらに向けさせ、信頼を得た。こうしてラルフの認知的不協和を和らげ、解決へと導いたのである。

ラルフの気持ちについて訊いた質問は、取り調べの場面だけでなく、交渉の場面でも役に立つ。**相手の動機や希望、不安が理解できれば、より納得のいく提案ができる**だろう。

この取り調べで見逃せないのは、マイケルがラルフに対して行為の結果を軽く扱いながらも、「これで難局から脱出できる」「何もネガティブな結果はない」というようなことは言っていないことだ。人生が台無しだという最悪のシナリオにとらわれるのでなく、取り調べに協力して罪を認めればまだましな結果が得られる、と頭の中を切り替えさせている。そしてこれから責任をもって生きていくように励ましているのだ。

マイケルが進度を確認した場面を思い出してほしい。ラルフの自白を求めるのではなく、「彼女のアイデアだったのか」と推定質問を用いている。ラルフが口を開いてからも、非難したりあざ笑ったりはしなかった。コースを外れず、用心深くきっちりとラルフをガイドし、危険区域を渡り切った。

マイケルのこの取り調べから学ぶことは多い。ウィリアム・ユーリーは「相手のために退路を用意せよ」という孫子の言葉を取り上げたが、同様に価値あるアドバイスがこれだ。「**手柄を自慢しすぎると、退路は燃え崩れてしまう**」。

調停人として扱ったあるケースの話をしよう。両陣営にとって理にかなった案が示され、暫定的合意が得られていた。あとは翌朝集まって最終的に署名し、契約が成立するだけだ。しかし一方のある人が「大勝利」を祝って署名前夜に宴会を開いてしまった。この話が相手陣営に伝わり、契約は不成立となった。どんな契約であれ、相手に「敗者」扱いされたらいやなものだ。その結果、「大勝利」を祝った陣営は、はるかに不利な条件でサインするはめになった。

12 英国法廷における「カツラ」の意味——役割になりきる

二〇〇八年一二月。ネバダ州クラーク郡の地方裁判所法廷において、ジャッキー・グラス判事はO・J・シンプソンに最大三三年の懲役刑を言い渡した。二〇〇七年九月、ラスベガスで窃盗未遂事件に端を発した嫌疑でO・J・シンプソンは有罪となった。二〇一七年まで仮出所できないことになる。

以前ニコール・シンプソンとロン・ゴールドマン殺人で容疑がかけられたときは「絶対に、一〇〇パーセント、無罪だ」と強く主張したが、今回はそうしなかった。事件の記録やほかの証拠を突きつけられ、自分のスポーツメモラビリア（記念品）を取り戻そうとしたのだと主張した。もしニコール殺人事件であの日決定的な証拠を突きつけられていたら、シンプソンは同じスタンスをとっただろうか？　自分は関係ないと言い張るのでなく、やむなく関与を認め、自分の行為を正当化しようとしただろうか？　推測するしかない。

本文でも述べたように、殺人事件の取り調べや裁判にかかわった人物を非難するつもりは毛頭ない。外部から見ているだけの人は、裁判で証拠を提示しなかったとか、さまざまな理由をつけて起訴が甘いと非難している。しかしいったん判決が下された事件は再審されることがないから、こんな議論は無意味なのだ。民事法廷で罪が認定され、三三〇〇万ドルの支払いが命じられたことで「よかった」と思うむきもある。たしかに被害者遺族にとってはある程度の慰めになるかもしれないが、それで悲しみが和らぐわけではない。シンプソンがネバダ州の判決を受けて刑務所に入ったときは、遺族もいくぶん救われた気分になっただろう。刑務所の独房に一人座るシンプソンの姿は、多くの人にとって一三年遅れの映像のように思えた。「もしも」にすぎないが、マイケルが取り調べていたら、ジェット機で飛び回るセレブに独房への片道切符を渡す結果となっただろうか？　おそらくそうなっただろう。

「もしも」ではあるが、マイケルが引き出した自白は、合衆国でもどこの国でも裁判で立派に通用する。シンプソンはミランダ権利を読み、倫理的かつ非強制的な取り調べを受けた。マイケルの態度は冷静かつ穏やかで、対決姿勢とは対極だった。

取り調べの間、マイケルはシンプソンに「きみのことを理解している」と思わせた。離婚してからニコールの振る舞いに苦しんできたことも知っている、と述べている。どうしてマイケルはニコールのことをこんなに悪く言うのだろう、なぜ凶悪な殺人を正当化するようなことを言うのだろう——と疑問に思った読者も多いだろう。この問題について考えてみたい。

私は英国育ちだったが、よく父のオフィスに遊びに行った。私の父は弁護士だった。（後年、判事になった。）「なぜ法廷ではカツラをかぶって法服を着るの？」と尋ねたことがある。父は「歴史的なこととか、いろんな理由があるが」と前置きしてこう答えた。「これは『役を演じている』ということなんだよ。カツラと法服は、お父さんのコスチュームだと思っている」。

コスチュームをまとって法廷に足を踏み入れたら、個人的な信条や偏見、感情を脇に置き、依頼者のための弁護人役を引き受ける。だからこそ、本音では虫の好かない依頼者であっても、法廷ではきちんと代弁することができる。このコスチュームを身につけたら、議論と私的感情は切り離せる。本心と違っても、法と正義にかなう議論を展開することができるのだ。

面談や取り調べも同じである。**一歩その場面に入ったら、私たちは役割になりきる。**あの夜、ニコールやロン・ゴールドマンのほうに殺されなければならない理由があった、とマイケルが思っていたはずがない。しかしあそこでシンプソンを殺人にかりたてた動機について、理解と共感を示していなかったら、おそらく真実の告白は得られなかっただろう。

優れた交渉人は相手側を安心させ、有利な結論に導くすべを知っている。ビジネスの取引に臨むときは、私たちもいわばカツラと法服を身につけ、役割を演じる。家族の話し合いであっても、**何が何でも我を通したいというのでなく、全員の意見をきちんと配慮する役割を引き受ければ、みなが納得いく結果が得られるだろう。**

⑬ 力ずくではできないこと

取り調べの場面で、**どう相手から真実を引き出すか。**これまで私たちなりのアプローチについて語ってきた。利害が対立する二者間でのビジネス取引や個人的なやりとりでも、同じことがいえる。**相手の動機を理解し、それに基づいて冷静かつ道義的に話を進めることが**重要なのだ。**脅しや強制によらず、親しみや信頼感を築くアプローチを用いれば、より望ましい結果が得られる。**さらに相手との人間関係も強まる。W・H・オーデンがいうように、誰かにいやなことをすれば自分に返ってくる。協力を拒まれる、怪しい情報をつかまされる、評判を落とされる、などなど。

アリ・ソーファンは著書で、ボリスがアブ・ズベイダーの背景や動機について理解しておらず、そもそも効果的な取り調べの方法も身につけていなかったと指摘している。ボリス自身、このことがわかっていない。

「ダニング・クルーガー効果」をご存じだろうか。デイビッド・ダニングとジャスティン・クルーガーが研究によって明らかにした認知バイアスのことだが、**未熟な人は自分の能力や行動を実際より高く評価してしまうという。準備不足な人、能力が劣る人は、自分がどれだけ準備不足かを理解できない。**ボリスの場合がまさにそれだ。

心身ともに痛めつけられていれば、誰だってこの苦しみを終わらせたいと思うはずだ。苦しみながら、してもいないことを認め、詫び、他人が聞きたいことを話すに違いない。ゆすりや恐喝が刑事法で厳しく罰せられるのも、そういうわけだ。ゆすられ、気持ちのうえで拷問を与えられた人は、普通ならしない行動をとってしまう。人間なら誰しも拷問を受ければ吐くものだ、といったボリスは正しい。しかし彼はわかっていなかった。**拷問によって引き出された情報はまったく意味がない**ことを。

ボリスは準備をせず、力で口を割ろうとする。一方、フランクはきちんと準備し、戦略を組み立てて情報を引き出していく。この比較は、たとえば家具を作る場合、何を作っているかもわからないままとりあえず金槌一つを振りまわす職人と、詳細な設計図を手に道具を選びながら緻密に作業を進める職人との違いに似ている。いったいどちらのタイプのほうがよい家具ができるだろうか。

本書では、後者の緻密なアプローチを面談、交渉の場で、また日常生活でどう生かしていくかをお話ししてきた。価値あるスキルの例にもれず、**このアプローチを身につけるには並々ならぬ準備と努力がいるが、得るものは大きい。**まず、もちろん相手から**真実を引き出す可能性が高まる。さらに長きにわたる人間関係を築くことができる。**個人として、ビジネスパーソンとして目標に向かっていくとき、ここでの人間関係がきっと役に立ってくれるだろう。

付録Ⅱ　すべては準備から始まる

ピーター・ロマリー

面接で感情や情報を引き出し、考えを伝え、交渉するうえで最も重要なのは、**目前の課題にしっかり準備をすること**である。どんな準備をするべきなのか、ここでは二つの視点からみていこう。一つは自分から場数を踏んで練習すること。もう一つは情報を集めることだ。

自分の体を動かして場数を踏もう

どんな相手と向かい合うにしても、自分から**場数を踏んで訓練することにまさる準備**はない。教科書で手術の技法について読んだだけで手術ができるわけではないのと同じように、本書をはじめいろいろな書物を読んだからといって、相手から真実を引き出す場面に十分準備ができたわけではない。どんな技術でもそうだが、**学んだことを定期的に実地で訓練する必要がある。**

弁護士として手がけた最初の刑事事件のことをいまでもよく覚えている。私はロースクールを卒業したてで、ある重罪事件の弁護人に任命された。（さいわい今日では、私の州で新人弁護士がこの任につくことはありえないが。）裁判に向けて、事件について調査し、目撃者に話を聞き、判例を読み込み、裁判長の性格を把握し、依頼人の共同被告人とも密接に関係を築いていった。足りなかったのは、実際に陪審員の前で裁判にかかわった経験だった。ロースクールでは裁判での弁護を学んできたし、模擬陪審の前での模擬事件も担当してきたのだが、実際の経験は一つもなかったのだ。

そこで二人のメンターに力を貸してもらうことにした。一人は数年前から弁護士として活躍しており、見るところ刑事法廷での経験も豊富だった。彼には陪審選任手続きに同席してもらった。ここまではとどこおりなく済んだ。メンターからたくさん助言をもらい、この裁判は勝ったも同然、という気持ちになっていた。冒頭陳述前の小休憩で、私はメンターのほうを向いて熱っぽく言った。

「うまくいってますよね。冒頭陳述ですが、アドバイスをいただけますか」

「さぁ……陪審裁判でここから先に進んだことがないからね」

実は、このメンターは刑事被告人の弁護経験はあるものの、陪審制度でなく判事が判決を下す地方裁判所でのことだったのだ。

さいわい、二人目のメンターが到着した。このメンターは陪審裁判のベテランで、私の顔を見て思わず笑った。私はこういうことで困っています、と事情を話した。結局この事件は執行猶予つきの判決を得た。地方検事がやって来て、こう言った。今回執行猶予がついたのは共同被告人から集めた証拠が決め手になった、と。生きた心地のしない裁判だったが、決して忘れられない教訓をもらった。すなわち「**自分のスキルを伸ばそうとせず他人のスキルに頼ると、ろくなことにならない**」。

私は学生に「実社会に出るまで待て」という意見は無視していい、と話している。同僚からは「そんなことを言って……」といい顔をされないが、実社会に出るまで机上の勉強でいいなんて、ナンセンスだ。映画の『アバター』で役を演じているのではない。他人とかかわり合い、問題を解決し、信憑性をはかり、説得し、私たちは現実社会で生きている。だから**「専門家の先生」に頼らず、機会あるごとに自分のスキルを伸ばしていくことが大事**なのだ。

情報収集とオンラインリサーチ

二つ目の準備は、**多くの情報を集めること。**そうすれば、相手のことを何もかも知りつくすことができる。英国のロースクールで私のメンターだったジョン・マードック博士に、こう教わったことがある。優れた交渉者や弁護士になるには、自分の事件の事実関係を調べるだけでなく、相手側の立場に立ち、相手にとっての事実がどうなっているかを知る必要がある。もちろん相手の見方も知らなければならない。私はこれまで博士の助言にしたがってきた。これは実際いろいろな領域に幅広く応用できる、とわかった。目の前の相手がなぜ事件を起こしたのか、宗教的、政治的、思想的動機を理解していなければ取り調べはうまくいかない。効果的なモノローグを組み立てるには、相手の背景にある情報がきわめて重要になる。同様に、何のために相手がそんな要求を出しているのかを理解できなければ、交渉は成功するはずがない。

何年にもわたり、脅威者マネジメントの分野で、とくに高等教育にかかわってきた。人命への危害や財産への損害を未然に防ぐために有効な情報収集が目的である。訴訟や交渉の場合同様、脅威者マネジメントでも、脅威となりうる人間について情報を迅速に、倫理的に、効果的に集めることが重要なカギを握る。同僚で友人のジェフ・ポラード博士は臨床心理士として高く評価されており、脅威者マネジメントの専門家でもあるが、人物評価のプロセスについて次のように表現している。「**点と点をつなぐのは、まず点を集めてか**

らだ」。

点を集めるプロセスで見ておくとよいものがある。いくつかあげておこう。

- 犯罪歴
- 民事判決記録
- 性犯罪者登録
- クレジット記録（承認場号の盗用対象）
- 納税記録
- 不動産権利移転と所有権記録
- ソーシャルメディア記録

ウェブサイトのなかには、個人の背景的情報を得るのに大変役立つものも多い。脅迫者マネジメントで有名な研究者であるマリッサ・ランダッゾ博士とジーン・デイジンジャー博士と共同で、個人が自分をいかに表現し、他人に表現されているかがわかるサイトのリストを作成した。学生と接しているおかげで、一般に考えられるよりも情報収集の範囲を広げるべきだと考えるようになった。いまどきの若者は、われわれが耳にしたこともない多くのソーシャルメディアを利用している。探したい情報があるなら、どのサイトを見ればいい

私たちが情報源として使っているサイト

- Archive.org
- Avvo
- Blogger
- Craigslist
- Facebook
- Foursquare
- FriendsReunited
- Google/ Yahoo! / Bing
- Google+
- Instagram
- LinkedIn
- MySpace
- Ning
- Pheed
- Pinterest
- RateMyProfessors
- Reddit
- Snopes
- Technorati
- Tumblr
- Twitter
- Vine
- WordPress
- Xanga
- YouTube

か訊いてみてもよいだろう。

対話から手に入る情報に加えて、オンライン検索で集めた情報は相手や相手企業について正確な全体像を描くうえで大変助けになる。話してほしい**相手について、できるだけ多くの予備情報がなければ、取り調べにせよ交渉にせよ、そもそも始めるべきではない。**情報がないままでは十分な成果は上げられないだろう。真実であれ、都合のよい和解であれ、取引であれ、希望する結果を手に入れることは難しい。

付録Ⅲ　実際のO・J・シンプソン面談記録

（LAPDフィリップ・ヴァナッター刑事・トーマス・ラング刑事による。）

一九九四年六月一三日

以下のポイントに着目しながら録音記録をお読みいただきたい。

- 刑事たちはこの面談のためにきちんと準備をしていたか？
- 達成すべき目標を定め、そのための明確な戦略をもっていたか？
- 面談に先立って、各々の役割を決めていたか、それに沿って面談をおこなったか？
- シンプソンのアリバイを徹底して暴こうとしたか？
- 前夜とくに犯行時刻とされる九時から一一時までの行動を順序立てて説明させたか？
- シンプソンの左手の怪我について、どうしてできたか納得のいく説明をさせたか？
- シンプソンの話の矛盾をはっきりと指摘できているか？
- 価値ある質問に絞ったか、それともポイントを絞り切れず、無関係で意味のない問いを続けてしまったか？
- ほかで調べられるような補足情報について、わざわざ本人に質問して貴重な時間を無駄にしていないか？

・ふさわしい態度で接したか、それともシンプソンにおもねるような態度を示したか？
・シンプソンが取調室を出るとき、刑事がシンプソンから聞き出した以上に、事件について詳しい情報を得ていたか？
・最も重要な質問「ニコール・シンプソンとロン・ゴールドマンはシンプソンがやったのか？」を訊いているか？

＊　　＊

ヴァナッター　こちらラング刑事です。パーカーセンターの面接室にいます。一九九四年六月一三日一三時三五分。O・J・シンプソンから話を聞きます。オレンソール・ジェームズ・シンプソンですか？
シンプソン　オレンソール・ジェームズ・シンプソンです。
ヴァナッター　誕生日は。
シンプソン　一九四七年七月九日。
ヴァナッター　では話を始める前に、いくつか合衆国憲法で認められた権利を説明します。よく聞いて、わからないところがあったら質問してください。いいですか。
シンプソン　了解です。
ヴァナッター　では、ミスター・シンプソン。あなたには黙秘権があります。もしその権利を放棄すれば、あなたが話すことは法廷で用いられる可能性があります。弁護士と話す権利、質問の間弁護士を同席させる権利があります。もし弁護士を希望し、経済的な理由でそれが不可能であるならば、無料の弁護人が選定されます。権利についてはおわかりですか？
シンプソン　わかりました。

ヴァナッター　質問は？
シンプソン　(聞き取れず)
ヴァナッター　もう少し大きな声で話してくれますか？
シンプソン　了解。質問はありません。
ヴァナッター　では黙秘権を放棄して話してくれますか？
シンプソン　ああ、はい。
ヴァナッター　お話しする間、弁護士を同席させる権利を放棄しますか？
シンプソン　うん。はい。
ヴァナッター　ではいきます。これからお聞きするのは……お聞きしたいのは……前の奥さんとほかにもう一人の男性が亡くなった事件について、調べているんです。
シンプソン　聞きました。
ヴァナッター　それでその件についてお話を聞かせてもらおうというわけです。いま離婚していますね？
シンプソン　はい。
ヴァナッター　離婚したのは何年前ですか？
シンプソン　正式にですか？　二年くらい前ですかね。でもその前から別居していました。
ヴァナッター　そうなんですか。
シンプソン　ああ。
ヴァナッター　彼女との関係はどうですか？　どんな……
シンプソン　うん、よりを戻そうとしていたんですがね。なかなかうまくは……うまくいかず、別れることにしたんです。

ヴァナッター　最近も、よりを戻そうとしたんですか？
シンプソン　一年くらい頑張ってみたんですよ、外で会ってみたりして。彼女もうちに来て、一緒に住みたいなんて。
ヴァナッター　この一年で、そういう話を？
シンプソン　一年と四か月前、彼女のほうからよりを戻そうという話になって、やって来たんですよ。半年以上やってみたかな。でもやっぱりうまくいかない。それで三週間かそれくらい前、お互いに、やっぱり難しいから別れようということになったんです。
ヴァナッター　なるほど。二人のお子さんはあなたの？
シンプソン　そうです。
ラング　親権は彼女？
シンプソン　共同親権です。
ラング　裁判でそうなったんですか？
シンプソン　裁判で全部決まりました。何もかも、子どものこともとくに何の問題もありません。子どものことは一緒にやっていこう、と。
ヴァナッター　別居はどんな……
シンプソン　最初の別居ですか？
ヴァナッター　そう、何かトラブルは？
シンプソン　私にとっては、大きな問題でした。彼女を愛していましたし、別れたくなかった。
ヴァナッター　ふむ、彼女は一、二回、警察沙汰になっていますね。
シンプソン　ああ、六年前の正月に大喧嘩をしました。そこで警察の厄介になったんです。私はそのとき何もなかったんですが。あと、一年くらい前に、口論になりまして。そのときは、手足は出ずに、口だけの諍いでした。ドアかなんか蹴とばしたくらいで。

ヴァナッター　この二度とも彼女は警察に話を聞かれた？

シンプソン　うぅん、私は警察が来るまでそこにいて、話をしました。

ラング　逮捕されたんですか？

シンプソン　いや、そうじゃなく、五年前に大喧嘩をして、いや六年前かな。そのときは罰として社会奉仕活動をさせられました。

ヴァナッター　それなら逮捕はされなかった？

シンプソン　されてないです。

ラング　警察に名前が残っているということはない？

シンプソン　ないです。

ヴァナッター　聞きますが、最後に寝たのはいつですか？

シンプソン　昨夜は二、三時間寝ました。飛行機ではほとんど寝られないから、ホテルに着くと二、三時間寝て、そうしたら電話が鳴ったんですよ。

ラング　ニコールの家には住み込みのメイドがいますか？

シンプソン　ああ、そう思います。

ラング　名前は知っていますか？

シンプソン　エイビア……アルビア、そんな感じだった。

ヴァナッター　彼女は現場にいませんでした。休みをとっていたんでしょうか？

シンプソン　さあ……いつ来ているかなんて把握してないから。

ラング　フィル、どうだろう、昨夜のことを話してもらおうか。

ヴァナッター　うん、ニコールを最後に見たのはいつですか？

シンプソン　ダンスの発表会で別れました。彼女はさっさと帰ってしまったので、私がお義母さんたちと話をしていたんです。

ヴァナッター　発表会はどこで。

シンプソン　ポール・リヴィア・ハイスクールで。

ヴァナッター　お子さんが出た？

シンプソン　ええ、娘のシドニーの発表会です。

ヴァナッター　昨日のいつですか？

シンプソン　六時半ごろ終わりました。四五分だったかな。それくらいに。だいたいそんな時間だったと思います。それでみな帰って。

ヴァナッター　みな？

シンプソン　彼女と家族……お義母さんとお義父さん、妹たち、子どもたちです。

ヴァナッター　別々に帰ったのですか？

シンプソン　うん、実際はまず彼女が先に出て、戻ってきて、お義母さんを車に乗せて、子どもたちは彼女の妹の車に乗せてもらって、それで……

ヴァナッター　ニコールが運転したんですか？

シンプソン　ああ。

ヴァナッター　どんな車ですか？

シンプソン　黒のチェロキーです。ジープの。

ヴァナッター　あなたは何を運転していましたか？
シンプソン　私のロールスロイス……というか、ベントレーです。
ヴァナッター　外にあるフォード・ブロンコはあなたの車ですか？
シンプソン　ハーツから借りているんです。
ヴァナッター　では路上に停めてあった車はあなたのですか？
シンプソン　ああ……まぁ。
ヴァナッター　所有者はハーツである、と。
シンプソン　そう、ハーツです。
ヴァナッター　主に運転するのは？　あなたですか？
シンプソン　私も運転しますし、家政婦もしますし。ほらあの……
ヴァナッター　多目的車？
シンプソン　そう……保険によると、ほかの人間も運転できるのはあれしかなくてね。
ヴァナッター　なるほど。
ラング　運転するときはどこに駐車を？
シンプソン　場合によるが……
ラング　いまはどこに？　路上かどこかに停めてあるんですか？
シンプソン　いつも路上です。
ラング　ガレージには……
シンプソン　めったに入れません。ものを入れ替えるときくらいですかね。昨日もそうでした。
ラング　最後に運転したのはいつですか？

シンプソン　昨日です。
ヴァナッター　昨日のいつですか？
シンプソン　午前と、午後と。
ヴァナッター　そうですか。彼女と別れたのが六時半か七時と言ってましたね。彼女はそれで帰った？
シンプソン　そうです。
ヴァナッター　彼女の親御さんと話をしていましたか？
シンプソン　ええ、座って話をしていました。
ヴァナッター　そこを出たのはいつですか？
シンプソン　すぐ帰りましたよ。みな、そのとき帰りました。夕食を一緒にどうかみたいなことを言われましたが、断りました。
ヴァナッター　そこからどこに行ったんです？
シンプソン　家ですよ。家に帰って、車に乗って、恋人に会いにいこうと思って、それで帰ってきました。
ヴァナッター　帰ったとき家には誰がいましたか？
シンプソン　ケイトーがいました。
ヴァナッター　ケイトー？　ほかには誰が？　娘さん、アーネルはいませんでしたか？
シンプソン　いません
ヴァナッター　娘さんの名前はアーネルと違いましたっけ。
シンプソン　アーネルです。
ヴァナッター　それでいつごろ帰ったんでしょうか、実際に家に帰ったのは？
シンプソン　七時ちょっと回ったくらい。

ヴァナッター　七時ちょっと回ったくらい？　それでまた出かけて……

シンプソン　ああ、思い出してみると、出かけたかって？　いつも……慌てていて、娘に花を買ったんですよ。発表会だから、焦って花を買って、それで家に帰って、ポーラに「これから行く」と電話したら、家にいなかったんです。

ヴァナッター　ポーラというのは恋人ですか？

シンプソン　恋人、ええそうです。

ヴァナッター　苗字は？

シンプソン　バルビエリ。

ヴァナッター　スペルを教えてもらえますか？

シンプソン　B-A-R-B-I-E-R-I

ヴァナッター　住所はわかりますか？

シンプソン　いや、家はウィルシャーですが、出かけていると思います。

ヴァナッター　電話番号は？

シンプソン　わかりますが、ええと……（電話番号をいう）

ヴァナッター　それで昨晩は彼女に会わなかったんですね？

シンプソン　ええ。その前の夜、ちょっとありましてね。家に帰ってきたんです。基本的に私は家にいました。というのは、つまり、いつだったかはあれですが……発表会に行って帰って、花屋に行って帰って、家を出たのはそれだけです。

ヴァナッター　今日の午前中、どこかでゴルフの予定がありましたか？

シンプソン　シカゴで。

ヴァナッター 何のトーナメントです？
シンプソン ハーツのですよ。常連客むけの。
ヴァナッター ああ、なるほど。昨夜はいつ出かけましたか？
シンプソン 空港にですか？
ヴァナッター ふむ。
シンプソン だいたい……リムジンが迎えに来るのが一〇時四五分だったので、だいたいそれより少し早目に行きますから。慌てて駆けつけたのは一一時少し前くらいですかね。
ヴァナッター ということは、一〇時四五分から一一時？
シンプソン 一一時、だいたいそれくらいです。
ヴァナッター それでリムジンで行かれたんですか？
シンプソン ええ。
ヴァナッター リムジンはどこの会社です？
シンプソン それは事務所に聞いてもらわないと……
ラング 運転手と話しましたか？ 何か話を？
シンプソン いえ、新人だったので。いつもは決まった運転手で話をするんですが、今回はただ空港に行ってくれとか、飛行機でどうするか、ホテルはどうとか、そんなことです。
ラング 何時発の飛行機ですか？
シンプソン 一一時四五分です。
ヴァナッター 航空会社は？
シンプソン アメリカン航空。

ヴァナッター　アメリカン航空？　一一時四五分発シカゴ行ですか？
シンプソン　シカゴ行です。
ラング　では昨日は白いブロンコに乗ったんですね？
シンプソン　うんまあ。
ラング　家に戻ってどこに停めましたか？
シンプソン　最初郵便受けのそばだと思ったが……今思い出すと、どうだったかな、うちの路地だったかな。いつもは郵便受けのそばなんですが時々……
ラング　アッシュフォード？　アッシュランドでしたか？
シンプソン　アッシュフォードです。
ラング　昨日、最後にどこに車を停めましたか？　覚えていませんか？
シンプソン　いまあるところですよ。
ラング　いまどこに？
シンプソン　ああ。
ラング　どこの……
シンプソン　路上に。
ラング　アッシュフォードの？
シンプソン　いや、ロッキングハムです。
ラング　そこに停めたと。
シンプソン　ええ。
ラング　いつごろですか？

シンプソン　八時か……七時……八、九時。だいたいそれくらいです。
ラング　その車で発表会に？
シンプソン　いや。
ラング　発表会は何時でしたか？
シンプソン　六時半ごろ終わりました。さっき言ったように、家に戻って、車で恋人に会いに行ったんです。電話したら出かけていて。
ラング　それでロールスロイスで帰ってきて、ブロンコに乗り替えた？
シンプソン　電話がブロンコにあるもので、だからブロンコにしたんですよ。ブロンコなので。ええ、ブロンコです。ほかの車よりブロンコによく乗っています。それで出かけて二、三回彼女に電話したんですが、いなかったので、メッセージを残していきました。あとでチェックしてみて、やっぱりメッセージがなかったもので。いないんだと。出かける用事があるんでしょう。それで帰ってきて、ケイトーと話をしたというわけです。
ラング　わかりました。ブロンコを停めたのは何時ですか？
シンプソン　八時とか……それくらいです。ジャクジーがまだだったので、それで……ハンバーガーを買いに行ったんですよ。帰ってきて、ちょっとゆっくり支度をしていました。ちょっとすることがあったので。
ラング　ブロンコで帰ってきたときは急いでいなかったんですか？
シンプソン　ええ。
ラング　なぜこんなことを伺ったかといいますと、車がちょっと妙な角度で停まっていたんですよ。道路に突きだすような角度で。

シンプソン　ああ、それは……いや妙な角度かどうかはわかりませんが、それは一日終わったので、全部下ろさないと、とせかせかしてたんです。電話とかいろいろ全部下ろしてから、もう一度門から出してちゃんと停めました。

ラング　そのときは敷地の中？

シンプソン　ええ。

ラング　そうですか、わかりました。

シンプソン　敷地に入れて、車から荷物を全部下ろして、車を出しました。門が閉まる前に慌てて中にかけ戻ったんです、

ヴァナッター　手の傷は？

シンプソン　わかりません。最初、シカゴにいるときかと。しかし家ではバタバタしてますから。

ヴァナッター　シカゴでどうして？

シンプソン　グラスを割ったんです。警察から電話があって、そのときトイレにいたので、慌てていました

ラング　それで怪我を？

シンプソン　うーん、前に怪我した傷口がまた開いたのかもしれません。よくわかりませんが。

ラング　ブロンコに血がついた記憶はありますか？

シンプソン　家で出血したのは覚えています。そのあと、ブロンコに乗りました。それでもう家を出たんです。急いで行って、ブロンコにあった電話を持ち出しました。

ラング　ふむ、それでいま電話は？

シンプソン　鞄の中にあります。

ラング　ありますか？
シンプソン　あの黒い鞄です。
ラング　あの鞄を持ってここに？
シンプソン　ええ。
ラング　怪我したことを覚えていますか？
シンプソン　ええまぁ、血が出たのはそうですが、それはべつに、どうってことじゃないですよ。怪我なんてしょっちゅうです。ゴルフとか何とかで、もうあちこちで怪我ばかりですし。
ラング　それで何か手当しましたか？　いつバンドエイドを貼ったんです？
シンプソン　実は今朝、彼女に頼んだんですよ。
ラング　持っていたんですか？
シンプソン　ああ、昨夜ケイトーと一緒にいたんですが、私が家を出るとき彼が何か言ってきたんですよ。それで慌てて電話をして。バンドエイドを貼ったら血が止まったんです。
ヴァナッター　ブロンコのキーはありますか？
シンプソン　ありますよ。
ヴァナッター　そうですか。ブロンコは押収しました。ご存じかどうかわかりませんが。
シンプソン　いや……
ヴァナッター　ちょっと見てみるだけです。あなた以外に誰か最後に運転した人は？
シンプソン　ジジかもしれないが……私がここにいないとき誰が運転しているかはわからないですね。娘かも。あるいはケイトーかもしれない。
ヴァナッター　キーは誰でも使えるんですか？

シンプソン　ジジがいるときは、わかるところに置いておきます。彼女も時々車を使いますから。あるいは、ジジは出かけていて、今日まで帰ってこなかったということもありますね。そして私が今夜帰った、ということかも。

ヴァナッター　だからジジが使っても気にしないというわけですか

シンプソン　ジジに使わせてやってるのはこれだけです。車がないとき、たとえば旦那が彼女の車に乗っていってしまったときとかは、使ってもいいと言っています。

ラング　ニコールの家に最後に行ったのはいつですか？

シンプソン　中には入りませんよ。家の中には。この一週間は行っていません。五日かな。家にはよく行きます。ほら、子どもをいつも送り迎えしてるんですよ。犬とぶらついたりね。

ヴァナッター　ふだんはどんなふうにしてるんですか？　玄関前で下ろして帰りますか、それとも中に連れて行きますか？

シンプソン　中には入りません。

ヴァナッター　正面の門のところに？

シンプソン　ええ。

ヴァナッター　しかし中に一度も入らないんですか？

シンプソン　ここ五日、六日は中には入っていません。ポーラとつき合うようになってから、ニコールとは会いづらくなりまして。

ヴァナッター　ニコールは誰かほかの……

シンプソン　さあ知りません。まったくわかりません。訊かないですしね。女友だちと出かけて、なんかやっているんだろうなと。女友だちのなかには、いつも朝の三時四時まで「ニコールと一緒にいる」って言うもんだから、旦那と困ったことになっている人もいますよ。本当は違うんです。ニコールはここを一時半とか二時、二時半ごろに出るんだと言っています。でも、その友だちは五時まで帰らない。すぐ近くに住んでいるそうですがね。

ヴァナッター　何かやっている、と。

ラング　昨夜彼女たちがどこで食事をしていたか、ご存じですか？

シンプソン　いや、知らない。聞いてません。

ラング　決まった店があるのじゃないかと思ったんですよ。

シンプソン　さあ。私が一緒のときは、トスカーナに行きます。いやトスカーナじゃない、ポポーニです。

ヴァナッター　彼女とは最近問題がなかったんですか？

シンプソン　いつも問題ばかりですよ。二人の関係は問題続きでした。とくに最近は。というのは昨日、発表会でロン――ロン・フィッシャーマンです。コーラの旦那の――に言ったんですがね。彼が近づいてきて「どうしたんだ」と言うので。みな不満を言うじゃないですか、それで「ちょっとすっきりしてよかったと思ってる」と言ったんですよ。私はね、彼とつき合うのが好きだし、奥さんとのトラブルとか誰がどうとか、クリスチャンという名前の男が起こしている問題とか、今度ニコールの家に泊まるとか、まぁ何かしら怒ってますよ、このことに関係ないと思いますが。

ヴァナッター　昨夜ニコールと話しましたか？

シンプソン　え？

ヴァナッター　昨日ニコールと話しましたか？

シンプソン　いや、まったく。

ヴァナッター　昨夜彼女に話しかけましたか？

シンプソン　娘に話をしていいか、娘にお祝いをしてもいいか、とかそんなことさ。
ヴァナッター　会話はなかった？
シンプソン　ない、ないです。
ヴァナッター　昨夜何を着ていましたか？
シンプソン　何を着ていたか……昨日はゴルフコースの格好。ゴルフ用の。それで、着替えたんだが、履いていたのは……
ヴァナッター　黒いズボン。
シンプソン　「ビューグル・ボーイ」っていうメーカーのものです。
ヴァナッター　「ビューグル・ボーイ」？　それを発表会に着ていったんですか？
シンプソン　いや、発表会は……ええとなんだっけか？　白いTシャツとズボンでした。
ヴァナッター　黒いズボンではなく？
シンプソン　違います。
ヴァナッター　いまどこにありますか？
シンプソン　クローゼットにぶらさがってます。
ヴァナッター　洗えるタイプのでしょう？　洗濯機に放り込んだのでは？
シンプソン　ああ、うちにはたくさんあるんですよ。ビューグル・ボーイはタダでもらえるのでね。山ほどあります。
ヴァナッター　家に帰って、それをハンガーにかけたかどうか覚えていますか？
シンプソン　いつも服をハンガーにかけることにしています。かけないことのほうが珍しいんです。とくに何かしてもらおうというのでなければね。しかし今回はハンガーにかけていません。ゴルフをするとき、わざわざ汚いズボンをはきませんからね。

ラング　昨日はどんな靴をはいていましたか？

シンプソン　テニスシューズです。

ラング　テニスシューズ？　ブランドは？

シンプソン　たぶんリーボックです。いつもそこのなので。

ラング　いま家にありますか？

シンプソン　ええ。

ラング　シカゴは近いですね？　それほどかからなかったのではないですか？

シンプソン　ええ、今日帰ってきました。

ラング　一泊だけ？

シンプソン　そうです。

ヴァナッター　それはかなりきついスケジュールですね。運転して帰ってきて、ゴルフに行って帰ってきて。

シンプソン　そうですね。でもいつもそうですよ。

ヴァナッター　いつも？

シンプソン　ええ、運転手にもそれを愚痴っています。私の人生は飛行機に乗ったり降りたり、そんなことばかりだって。

ヴァナッター　O・J、ちょっとわからないことがあるんですよ。

シンプソン　うん？

ヴァナッター　あなたの車に血痕がついていました。あなたの自宅にもね。それがちょっと問題なんです。

シンプソン　なるほど、では血をとって調べてみてください。

ラング　ええ、それはさせてもらいます。それから指の傷ですが、あなた自身どうして怪我したかはっきりしていない、と。最後ニコールの家にいたときに怪我をしていたという記憶はないですか？

シンプソン　（間）一週間前に？

ラング　ああ。

シンプソン　いや、これは昨夜です。

ラング　そうですか、昨夜できた傷なんですか？

ヴァナッター　発表会のあとどこかで？

シンプソン　慌てて家を出るときどこかで。

ヴァナッター　なるほど、発表会のあとで。

シンプソン　ええ。

ヴァナッター　どうしてそんな怪我をしたんでしょうね？　何か思い当たることは？

シンプソン　まったくわかりませんね。何も聞いていませんし。何が起こったのやら……娘が警察から言われて、私に今日言ったんですが、誰かほかの人がかかわっている可能性があるらしいと。何が起こったのか、私にはさっぱりわからないんですよ。事件が何なのか、どうして、どんなふうに起きたのか。見当もつきません。警察からも話してもらっていませんからね。聞いてみても、まだ話せないという一点張りで。

ヴァナッター　そういう質問の答えは私たちも知らないんですよ。いいですね。

シンプソン　拳銃はたくさん持っています。あちこちに置いていますから、調べてもらっていいです。全部ありますから、ぜひ見てください。何か起きたときのために車にも置いています。一か月前起こったことですが、妻とかみんな知っています。

ヴァナッター　なんです?

シンプソン　……に行ったら、あそこの警官は知っていますよ。二人の保安官に話しましたから。洗礼式があって行ったんです。朝の三時半くらい。車線を走っていてとつぜん前の車がスピードを落としたんです。警官がいると思って、こっちもスピードを下げました。ちょっとスピードを出していたものですから。それで車線を変更しようとしたんですが、隣に車がいて、変更できませんでした。しばらく行ってスピードを落としたら、車がピタッとくっついてきて、三台の車に囲まれました。東洋人でしたがね、取り囲んできて、身動きがとれないんですよ。最後はもうスピードを上げて逃げ切りました。電話をとって、わからせようと。こっちはスモークの窓ガラスで、向こうの窓ガラスは割れてました。しばらくその一台を追い回して、思い知らせてやりました。

ラング　ブロンコに乗っていましたか?

シンプソン　ベントレーです。スモークのガラスで。あいつらは、うまいこと金をせびれると思ったんでしょう。

ラング　強盗しようとしたと?

シンプソン　間違いないですよ。翌日、ニコールと私が家に帰って、朝の四時にラグナに行って、起きてその話をしたら、彼女が親に話して、そこからみんなに話して……保安官がいたんで、自分から行ってその話をしたんです。

ヴァナッター　保安官はどうしましたか? 記録をとりました?

シンプソン　何もわかっていませんでした。私のことを覚えていて、話したことも覚えていると思いますが。

ヴァナッター　ニコールは最近脅迫されているとか話していましたか？　気になっていることがあるとか、お子さんの安全のこととか？
シンプソン　彼女が？
ヴァナッター　ええ。
シンプソン　誰から？
ヴァナッター　誰からでも。
シンプソン　いや、ないですね。
ヴァナッター　セキュリティ面で用心深い人でしたか？　家の鍵はかけていました？
シンプソン　ええすごく。
ヴァナッター　インターホンは使えてなかった？
シンプソン　使えていたと思います。
ヴァナッター　そうですか、ブザーはどうですか？
シンプソン　来客を入れるときに鳴っていましたよ。
ヴァナッター　あのあたりに行くとき、裏に車を停めたことはありますか？
シンプソン　たいていそうです。
ヴァナッター　車を裏に停めますか？
シンプソン　たいてい子どもを連れて行くときは路地に入って、クラクションを鳴らして、彼女かふつうはメイドが出てきてガレージを開けてくれます。そうでなければガレージのドアを開けておいてくれます。子どもたちを下ろすときは、中に入りませんが、表に回ることもあります。子どもたちがブザーを鳴らさないといけないので。

ヴァナッター　三週間前まで、お二人はまた一緒に出掛けたりして関係を修復しようとしていたという話でしたが？

シンプソン　いや、一年くらいそんなふうに出かけたりしていたんですが、最後の半年はうまくいかなくなって、何とかできないか、あれこれ工夫していました。外に出かけてもみましたがね、うまくいかなくて、もうどうにでもなれ、ってことになったんです。

ヴァナッター　それが三週間前？

シンプソン　ええ、だいたい三週間前のことです。

ヴァナッター　その時点までは彼女にも会っていたんですね。

シンプソン　ええ、会っていたといえば、そうですね、まぁそうです。もう終わったことなんですよ。ただ、そうならなくなったんです。というのは、私はサンファンで撮影があったので。サンファンから帰って以来、セックスはしてませんでした。二か月前ですかね。だから……子どものためによりを戻そうとしたわけですが。もう一緒に出掛けることもなくなりましたし、外で会うこともなくなったので、やっぱり一緒にデートもしようということになったんですが、やってみたらやはりうまくいかなかった。

ヴァナッター　うまくいかなかった、というのはどういう意味ですか？

シンプソン　ああ、夜出かけたときは楽しかったので、翌日も出かけることにしたんですが、実際その日私はラグナにいましてね。でも彼女は出かけたくないって言うんです。せっかくラグナからはるばる来たんだから出かけようよ、と言ったら、喧嘩になって。それからうまくいかなかったってわけです。また恋人同士の関係に戻れるかとデートしてみたんですがね。結婚一七年の夫婦としてじゃなく、恋人同士みたいな気分で出かけよう、と言ってね。何といっても、一七年一緒でしたからねぇ。

ヴァナッター　何年一緒にいたんですか。

シンプソン　一七年です。
ヴァナッター　一七年ですか、奥さんを殴ったことはありますか？
シンプソン　ああ、一度喧嘩をしたことがあります。喧嘩をして、彼女が私をぶちました。私の話は聞いてもらえませんでした。私の側の話も、家政婦の話にも聞く耳もたずでした。ニコールは酔っぱらっていたんです。やりたい放題になって、家の中を壊しはじめて……でも私は殴ったりはしませんでした。
ヴァナッター　平手でひっぱたいたことは？
シンプソン　いや、取っ組み合いはありますが、それだけで、ひっぱたいたことはありません。ニコールはなかなか強くて、とにかくいつも準備ができているんです。そのときから二、三回殴られました。でも私からは一切手を出していません。でも五、六年前の話ですがね。
ヴァナッター　彼女の誕生日は？
シンプソン　五月一九日です。
ヴァナッター　誕生日に一緒に出掛けましたか？
シンプソン　ええ、子どもも一緒に。
ヴァナッター　プレゼントをあげましたか？
シンプソン　あげました。
ヴァナッター　プレゼントは何を？
シンプソン　ブレスレットとイヤリングです。
ヴァナッター　彼女はまだそれを……
シンプソン　いや、別れるとき両方とも返してきましたよ。なかなかいいブレスレットを買ってあげましてね、あれは母の日だったか誕生日だった……それで別にイヤリングも買ったんです。別れるとき、感心したんですが、彼女のほうから、持っているのはよくない気がする、って。それで返してもらいました。

ヴァナッター　五月一九日の誕生日当日ですか、それとも少しあとですか？

シンプソン　どういう意味ですか？

ヴァナッター　ブレスレットですよ。五月一九日の誕生日当日に渡しましたか？

シンプソン　たしかイヤリングをプレゼントしたかな……いや、ブレスレットです。五月一九日。母の日はいつでした？

ヴァナッター　母の日はだいたい……

シンプソン　いや、たぶん誕生日です。ええ。

ヴァナッター　同じ日に返してきたんですか？

シンプソン　いや、そうじゃなくて……なんか変なことになってますかね。彼女は返してきましたが……両方とも……たしか三週間前かそれくらいです。変なことになっているというのは、それを恋人にあげて、きみのために買った、と。三週間前です。きみのために買ったものだと言いました。

ラング　前にポリグラフの話をさせてもらいましたが、あなたの弁護士ワイツマン氏から何か聞かれましたか？　ポリグラフをどう思います？

シンプソン　どう思うかについて話せと？

ラング　もしよければ。

シンプソン　あとでちゃんと受けますが、ちょっといまは。変なことを考えてしまって……変なこと……だって一七年間一緒にいたんですから、そうでしょう。これがどういうことか考えると……。信頼できる検査なら、受けますよ。

ラング　強制ではないです。ワイツマン氏から聞いているかどうかわかりませんが……これは人に疑いをかけるためのものではなくて、疑いを晴らすためのものなんですよ。事件を正しく理解するのにも……

シンプソン　しかしこれは疑いを晴らす？

ラング　ええそうです。何よりも疑いを晴らすために使っています。

シンプソン　なるほど、それならワイツマン先生に話をしてみましょう。

ラング　いいですね、この話をするのは、あなたが前のご主人だからです。

シンプソン　私がいちばん疑われているのはわかります。それに血があちこちに残っているとなったら。

ラング　ええ、あなたの自宅にも路地にも血痕が残っていました。捜査令状を取ったので、血痕を調べるつもりです。あなたの自宅からも血痕が見つかりました。あなたの血ですか？

シンプソン　したたってついたのなら、私が家を出るときバタバタしていてついたんでしょう。

ラング　昨晩？

シンプソン　ああ……そのへんは覚えていないんですが。家を出るときはあんまり手のことなんか気にしませんからね。台所でナプキンか何かをつかんで、それだけで、あとは忘れていました。

ヴァナッター　昨晩、発表会から家に帰ったあとですか？　慌てていたというのは？

シンプソン　昨夜ですが……何をしていたかな……車からガラクタを下ろそうとしていました。家でハンガーやらなにやらをスーツケースに押し込んでいて、とにかくバタバタしてたんです。あちこちで、ええ。みんな言ってますよ、O・Jはしょっちゅう走り回っていて、やることが雑で、嵐が来たみたいだって。

ヴァナッター　なるほど、ちょっと出てカメラを呼んできます。手の写真を撮っておきましょう。そのあと階下に案内します。血をとらせてください。いいですか？　すぐ戻ります。

ラング　最後にニコールを見たのは約五日前ですね？　家で？

シンプソン　ええ、最後にニコールを見たのは、実際に見たのは、昨夜です。その前は、ちょっと考えます……ええ、ワシントンDCに行って、そのときは会わなかったから……考えますね、ワシントンに行ってからは会ってませんね。ワシントンに行ったのは……今日は何日でしたっけ。

ラング　月曜日です。六月一三日。

シンプソン　ああ、たぶん水曜日にワシントンに行きました。木曜日はたしか……たしかコネティカットにいました。それで木曜日の午後と金曜はまるまるロングアイランドにいて、金曜の夜、帰ってきました。金曜の午後はオフで、……空港でポーラが迎えに来てくれました。家に帰ったら子どもがいたと思います。それで一緒に何かしました。そのときニコールはいなかったと思います。土曜日の夜はポーラと出かけて、日曜日に起きてゴルフ。これでポーラにいやな顔をされまして、ニコールに会ったのは……一週間前ですかね、ニコールに……

ラング　なるほど、最後にニコールに会ったのは彼女の自宅ですか？

シンプソン　覚えていませんが、家ではなかったと思います。私は彼女の家にはいなかったはずなので。最後に会ったときのことを思い出そうとしても思い出せないんですよ。もしかしたらジョギングをしている彼女を見たかもしれない。

ラング　今の話を整理させてください。家には物理的に入っていなかったのですね。

シンプソン　先週は。

ラング　前からのことですよ。彼女はいつからそこに住んでいるんですか？　半年前から？

シンプソン　いやいや、だってあの家で私は何度も寝ているんですよ。何度もです。あの家でいろんなことをやりました。だから、この一週間のつもりで言ったんです。

ラング　ああ、まぁそうですかね。彼女は六か月そこに住んでいたんですか？

シンプソン　わかりません、だいたいです。二週間前か、一〇日前か、彼女の家に行きました。夜、じっくり話し合ったんですよ。子どもたちのためにどうしたらいいかと。ちゃんと考えていこうと。いつだったか、ああ、わかりました。ええと、たぶん一〇日前です。それで、翌日イヌのノミ駆除とかを私がやって……ああ、彼女を見たことがあります。先週の前半だったかどうか覚えていませんが、息子が何か取りにいくと言って、駆け込んでいったら彼女が門に出てきて、犬が逃げ出したんですよ。彼女の友だちのフェイと私で犬を探しに行きました。それがたしか一週間前くらいですかね。

ラング　（ヴァナッターに）カメラはこっちに来る？

ヴァナッター　いや、向こうで撮る。

ラング　終了時刻一四時七分です。

用語集

あいまいな質問――過度に自由な答え方が可能なため、避けたほうがよい。

アンカリング――交渉においては、相手から最初に提供された情報に縛られること。結果に影響を与える。

アンカーポイント――体が何かしらの位置あるいは姿勢を保つための固定ポイント。アンカーポイントが動くということは、動作で不安を散らそうとしているわけで、嘘をついている可能性がある。

意見を求める質問――ある状況で相手の過失がどれだけあるかを測る手段として、意見を尋ねる質問。「どんな罰がふさわしいか」という質問はこれにあたる。たとえば「レストランで食い逃げした人にどんな罰が与えられるべきだと思いますか？」

以前の発言に言及する――言葉によるだまし行為の一つ。質問に対して以前におこなった答えをくり返す。反復による効果を心理学的ツールとして利用している。自分が本当のことを話している、と質問者に思わせるのがねらい。

意図せざる真実――嘘をついている人も本当のことを口にすることがある。発言の意味を文字通り分析すると、本人が意図せずに正しい情報を伝えている。「嘘の中のまこと」ともいわれる。

嘘のための嘘――本当でないことを発言するためにつく嘘。

影響を与えるための嘘――本当の情報を提供するのでなく、相手の感じ方を操作しようとしてつく嘘。

オウム返し――言葉によるだまし行為の一つ。質問をそのままくり返し、返答を考えるための時間稼ぎをする。

おとり質問――仮定の状況を前提とした質問で、相手にマインドウィルスを植えつけることが目的。典型的には「～という心当たりはありますか？」

オープンクエスチョン――話し合いの基盤を築いたり問題を探ったりするために用いられる。たとえば「タンパにいるお母さんを訪ねるはずだったのに、ラスベガスで何をしていたの？」

＊　＊

概念的流暢性――状況に応じて、考えを瞬時に変える能力。

顔を触る――言葉によらないだまし行為の一つ。質問に答えるとき顔や額に手をやる。闘争／逃走反応が引き起こした血液循環の変化による不快感が原因となりうる。

確認バイアス――認知バイアスの一つ。人はもともと持っている確信や望ましい結果を支持するような情報を探そうとし、あるいはそのように情報を解釈しようとする。

崖っぷちの瞬間――先々どんな悪いことが起こるか考えずに、話せることはすべて話したという気分になる。さらにいくと「崖から飛び降りる」。

かすかな表情――怒り、軽蔑、嫌悪といった表情を示す顔面筋肉の一瞬の動き。だまし行為としてはありえないので、こうしたかすかな表情に注目しないほうがいい。

過度な礼儀正しさ――言葉によるだまし行為。質問に答える際に、過度に丁寧な言葉を使ったり、予想外のお世辞を言ったりする。たとえばある種の質問に対して、ことさらに「ございます」などの言葉を使う。

軽すぎる懸念――言葉によるだまし行為。目の前の問題の重要性をあえて軽視することで、質問者と自分の立場を対等にしようとする。問題やプロセスについていう場合（たとえば「これくらいのことになぜ皆そんなに大騒ぎしているんでしょう」）もあれば、冗談を言おうとする場合もある。

簡単な質問を理解できない――言葉によるだまし行為の一つ。簡単に理解できるはずの質問にわざと混乱している様子を装っている。質問の何かの言葉で追い込まれた気分になり、逃げなければと思っているときに用いられる。

「気になっていること」式（DOC）――確信のスペクトルが最も低いときに用いる転調セリフ。

「きみがやった」式（DOG）――確信のスペクトルが最も高いときに用いる転調セリフ。

口や目を隠す――言葉によらないだまし行為の一つ。口や目を手で隠して答えたり、じっくり考える必要もない質問に答えるときに目を閉じたりする。

クラスター――だまし行為が二つ以上結びついたもの。

クローズエンド・クエスチョン――答えが明確に限定されるような質問。たとえば「今朝着いたとき、オフィスには誰がいましたか？」

結果を最小化する――モノローグの要素の一つ。正直に答えたら自分の身によくないことが起こる、という気持を最小化するために用いられる。

攻撃的行動――言葉によるだまし行為の一つ。ある種の質問をさせまいとして、質問者を攻撃する。質問者の信憑性や能力を非難するスタイルをとることが多い。たとえば「きみにこの仕事でどれだけの経験があるというのだ?」

行動に理由を与える——モノローグの要素の一つ。本当のことを言う気持ちにさせるため、「きみがしたことには社会的に容認できる部分がある」と示唆する。

広範な行動評価——行動評価の一つのやり方。質問に対する反応に現れた特定の行動に焦点を当てるのでなく、広く情報を集め、一般的な行動を分析すること。

答えたがらない——言葉によるだまし行為の一つ。自分は知らない、聞く相手を間違っている、として、質問に答えられないと主張する。

答えになっていない発言——言葉によるだまし行為の一つ。返事が聞かれた質問の答えになっていない場合。

答えにならない発言——言葉によるだまし行為の一つ。質問者を納得させるような答えを考えるための時間稼ぎのため、答えになっていない返事をする。たとえば「それはいい質問ですね」。

言葉と態度の不一致——だまし行為の一つ。質問に対する答えの言葉と態度が一致しないこと。最もよくある例としては、「ノー」と言いながら首を縦に振る、「イエス」と言いながら首を左右に振る、など。

言葉によらないだましの信号——質問に対する反応にみられるだまし行為のうち、言葉によるコミュニケーションに頼らないもの。

言葉によるだましの信号——質問に対する反応にみられるだまし行為のうち、言葉によるコミュニケーションにかかわるもの。

＊　＊

財産分配——離婚手続きにおいて、夫婦の共通財産を分けること。

刺激——反応を引き出す質問

質問の前置き——情報を引き出しやすくするために、質問に先立ち、手短に説明すること。相手が話そうかどうしようか迷っている場合に、効果を発揮する。

自分だけでないと思わせる——モノローグの要素の一つ。本当のことを言う気持ちにさせるため、「この行動はそれほど珍しくないことだ」と示唆する。

宗教に言及する——言葉によるだまし行為の一つ。神や宗教を持ち出して、これから話す嘘を飾りたてる。たとえば「聖書にかけて誓うが、私はそんなことは絶対にしません」。

首尾一貫性――心理学者ロバート・チャルディーニによる。以前の行動や発言と一致する行動をとりたい、という欲求をさす。

情報隠しの修飾語句――言葉によるだまし行為の一つ。情報を明らかにしたくないが嘘をつきたくもないという場合に用いる。たとえば「基本的に」「たいだい」「本質的には」「おそらく」「たいていは」。

省略の嘘――真実を隠すことでつく嘘。

自律神経系――臓器の機能や、刺激に対する身体的不随意反応をコントロールする神経系のこと。

心理的アリバイ――記憶が一部しかない、知識がないことを装って相手をだまそうとすること。

心理的籠城――相手が、頑なに自分の言い分にしがみつくしかない、と感じること。この状態に入ると、情報を聞きだすことはきわめて難しくなる。

推定質問――問題について何かを推定しておこなう質問。

正当性発言――モノローグの中で、質問者の発言の裏にある目的や理由を説明しようとするくだりをさす。

責任の転嫁――モノローグの要素の一つ。本当のことを言う気持ちにさせるため、「この問題はきみだけの責任ではない」と示唆する。

咳払いする／唾を飲む――言葉によらないだまし行為の一つ。質問に答える前に、咳払いをしたり、ごくりと唾を飲み込んだりする。

説得セリフ――事実を伝えるためというよりも、相手を説得し、あるいは見方を変えさせようという目的で語られる、正しく反論できないセリフ。

選択的記憶――言葉によるだまし行為の一つ。「記憶にありません」という返事で心理的アリバイを作る。

相互性――社会心理学者の用語。人は親切なことをされたり、譲歩されたりすると、お返しに親切にしたり妥協したりしようとする。逆もある。

その場思考――いま本当のことを話したら先々どんな結果があるか考えず、いまのことだけに集中すること。

＊　＊

タイミング――私たちの嘘発見メソッドでは、だまし行為とは、刺激が与えられて五秒以内に生じたものだけとする。

態度の「間」あるいは遅れ――言葉によらないだまし行為。質問に答える前に、沈黙の間をおくこと。

手続きについての文句――言葉によるだまし行為の一つ。手続きに異論を唱える。取り調べを遅らせるため、あるいは違う方向に誘導するために用いることが多い。

手続きについての不満――言葉によるだまし行為の一つ。手続きに異論を唱える。取り調べを遅らせるため、あるいは違う方向に誘導するために用いることが多い。

転調セリフ――面接からいよいよ取り調べに移行するとき、質問者がおこなう発言をさす。モノローグの出だし一、二文がそれにあたる。「気になっていること」式（DOC）あるいは「きみがやった」式（DOG）をとる。

闘争／逃走反応――体内の主要な臓器や筋肉に血液を送り、脅威に対応しようとする自律神経系のはたらき。

取り調べ――人をゆさぶり、あるいは説き伏せて、本人が隠しておきたい情報を提供させるべく練られたプロセス。ダイアローグというよりモノローグを用いる。

＊　＊

認知的不協和――自身の中で二つの相反する意見を抱えた結果、不快感をおぼえること。認知バイアスの一つ。

ハロー効果――認知バイアスの一つ。一つのよい性質や印象があるために、その人全体がよい印象をもってみられること。

否定形の質問――「(し)ない」表現を用いる質問。相手が「しなかった」ことを期待する含みがあり、相手が逃げやすくなるため、避けたほうがいい。たとえば「あなた、彼女と浮気していたわけじゃないわよね？」

否定的行動――言葉によるだまし行為の一つ。主張を完全には否定できないらしいと考えられる。特定しないで否定する（たとえば「そんなようなことは絶対しません」）、うだうだと長い答えに埋め込む形で否定するといったスタイルがある。

フォアラー効果――認知バイアスの一つ。心理学者バートラム・フォアの名前による。誰にでも当てはまる性質を並べただけであっても、人は「あなた個人の性質」と言われると自分にぴったりだと思う傾向がある。バーナム効果ともいう。

複合的質問――複数の質問が含まれる質問。質問のどの部分がやましい行動を引き起こしたのかがあいまいで、相手の反応を分析しにくいため、避けたほうがよい。

不適切な質問――言葉によるだまし行為の一つ。質問に対して、直接関係のない質問で答えること。

ベースライン――観察される行動を基準と比べること。間違った結論にいたりやすいため、お勧めできない。

包括的質問――締めくくりとして、省略されている嘘を見抜くためにおこなう質問。質問者がうっかり問題を見落としている場合のセーフティネットとして有効。たとえば「お話ししてこなかったことで、私が知っておくべきことは？」

本当らしい修飾語句――言葉によるだまし行為の一つ。信憑性を高めるために用いられる。たとえば「正直に言って」「これは本当のことですが」「率直に言います」。

＊　＊

マインドウィルス――よくない結果をもたらす可能性のある情報を受け取ったときに感じる不快感をさす。頭の中が次々と思いつく「よくない結果」でいっぱいになる。

身づくろい――言葉によらないだまし行為の一つ。髪をなでつけたりまわりをきれいにしたりといった身体的行動で不安を解消させようとする。

ミラーリング――親しみや交換を増すために、相手のしぐさをさりげなく真似ること。

見る・聞くモード（Lの二重モード）――目と耳を同時に働かせ、質問に対してみせる相手のだまし行為（言葉による・よらない）を観察するため、しっかりと見、聞くこと。

明確すぎる答え――言葉によるだまし行為の一つ。答えが過度に絞られ、専門的である場合と、あまりに細かくて網羅的である場合がある。

矛盾する発言――言葉によるだまし行為。きちんとした説明もなく、前に言ったことと辻褄の合わない発言をすること。

面接（面談）――対話をおこなうことで、その人がどうしても隠したい情報を引き出す手段。

モノローグ――取り調べのプロセスで中心となる語り部分。相手を「その場思考」モードに置き、抵抗・否定する気を失せさせ、隠そうとしていた情報を明らかにしたほうがよいと思わせるのが目的である。

＊　＊

誘導質問――質問者が求めている答えをはなから含む質問。

楽観バイアス――認知バイアスの一つ。他人のことではそうでないのに、自分のことになると、よくない結果になると思わない、あるいは、よい結果が起こると思うこと。

謝辞

二〇一二年夏、前著『交渉に使えるCIA流 嘘を見抜くテクニック』にとりかかったばかりのころ、担当エージェントのポール・フェドーコがやって来て笑顔でこう言った。「おめでとうございます。さあ、次を考えてください！」

その道のプロであるポールはこの本がベストセラーになると予想し、「その先」の準備をさせてくれた。ポールはじめN・S・ビーンストックのチームのみなさんが背中を押してくれたこと、熟練の技で一歩一歩導いてくれたことに感謝する。

前著の「謝辞」でも書いたが、今回も執筆の間ずっと、周囲の人たちが時間を惜しまず、専門知識を進んで提供してくださった。そして本書が生き方を変えるテーマを語るにふさわしい本になるように手を貸してくださった。ありがたいことに、前著に引き続いて手間をいとわず協力いただいた方も多い。われわれの研修・コンサルティング会社キューヴェリティの同僚である共同創業者のビル・スタントン、研修のスペシャリストジャック・ボーデン、マーケティングのエキスパート、ブライアン・スティーブンスンには、まず深い謝意を表したい。

見識の高い友人、家族、同僚から、原稿を読んだうえで手直しのためのアドバイスをいただいた。お名前をあげさせていただく。トッド・シムキン、ネイト・ハキル、ビル・フェアウェザー、ドクター・カイル・ハーナー、ライザ・ハーナー、ドクター・デイビッド・フレイザー、ヴィッキー・ハドック、スペンサー・グラント、アンジェラ・モス、ビル・エブスワース、カレン・フラナガン、トニ・サイクス、リチャード・ジョンストン、マイク・ヒューストン、ケイシー・ヒューストン、アレックス・リーブス、ステファニー・フロイド、マーシー・ロマリー、ドクター・マーク・サーヴィ、ドクター・アレシア・クック、ドクター・カーマイン・スキャヴォ、アーディス・テナント、ドン・テナントⅡ、ダン・テナント、シェリー・テナント、アレックス・ウィムベリー。マイク・ヘーゲル、デイブ・キルマーは表紙デザインに専門家の立場から貴重なご意見をくださった。あわせて感謝申し上げる。

最後に、セントマーティンズ・プレスの敏腕プロチームに心から感謝を表する。ジャイメ・コイン、ケイト・キャンフィールド、ケネス・J・シルバーは倦むことなく力を注いで、理想通りの本に仕上げてくれた。なかでも最も精力的に支えてくれたのは編集者マーク・レズニックである。彼がいてくれたおかげで、本書の執筆は最高に楽しかった。切れ味鋭い編集眼をもち、強固な編集現場のリーダーシップと柔軟性をあわせ備えたマークの仕事ぶりは並外れていた。

フィル・ヒューストンによる謝辞

本書は前著『ＣＩＡ流 嘘を見抜くテクニック』から発展したものであり、当然といえば当然だが、前著を成功に導いてくれた人たちに今回もお世話になった。まず、愛情こもったサポートをしてくれた妻デビと、自慢の子どもたちフィル・ジュニア、クリス、ベスに特別な「ありがとう」を。義理の娘レベッカと義理の息子ニック・ドーソンをファミリーに迎えたことも非常に喜ばしく思っている。フィル・ジュニアとレベッカは『ニューヨーク・タイムズ』ベストセラー以上のプレゼントをくれた。昨年一〇月、孫娘ページ・リー・ヒューストンが誕生したのだ。担当エージェントのポール・フェドーコ、編集者マーク・レズニックの両名がいなかったら、私たちの著書は夢のままだっただろう。本当に、ありがとう！

マーク・フロイド、スーザン・カルニセロ、ドン・テナント、新人ピーター・ロマリーのようなパートナーがいると、旅は愉快で、意味深く、何より重要なものになる。幸運なチャンスが手に届きそうにさえ思えるのだ。

ジャック・ボーデン、ビル・フェアウェザー、ビル・ミッチェル、ゲイリー・バロンの四名は素晴らしい友人であるだけではない。前著『ＣＩＡ流 嘘を見抜くテクニック』と本書でご紹介するノウハウを実践し、広く教えている。彼らの協力を忘れるわけにはいかない。

私たちの安全な生活のために戦い、献身するＣＩＡ局員、軍のメンバーに、言葉では言いつくせない感謝を申し上げる。

兄弟たちにも感謝を言わせていただきたい。ビル、マイクと妻ペニー、ケイシーと妻デビー、テリーと夫アレックス。心から大事に思っている。私たち兄弟は両親をなくし、また昨年とつぜん弟ブレットに先立たれた。どんなに悲しかったことか。

最後に、義母フランシス・ウィンステッドと義父ジム・ウィンステッドに感謝を申し上げる。義父は『ＣＩＡ流 嘘を見抜くテクニック』の最大のファンでいてくれた。昨年亡くなったが、天国で本書を楽しみにしてくれていると思う。ご冥福を祈りたい。

マイケル・フロイドによる謝辞

人生における大事な真実を求める道程で、手を取り励ましてくれる妻エステリータに感謝する。家族、大事な友人、同僚には、みんなの協力に私がどれほど感謝しているか伝えたい。才気あふれる友人で同僚ドン・テナントは、今回もまた本書ライターとして見事なマジックをみせてくれた。縁の下の力持ちのような仕事だが、私の心の中でいつまでも輝きつづける。私たちの能力に信頼を置いてくださるキューヴェリティのお客さまにも心から感謝申し上げる。

最後になるが、何十年にもわたり、人生を変える苦い経験を打ち明けてくれた何千もの人たちの強く不屈の精神にお礼を述べたい。告白すれば世間から蔑まれ、恥を負い、居場所がなく、仕事を解雇され、家族の汚点となり、服役など罰を受ける可能性があることを知りながら、毅然とした勇気ある態度をもちつづけておられた。みなさんの信頼を得られたことに深い責任を感じてきたし、またつねに威厳と敬意、共感をもってみなさんに接しようと心に決めている。私が「わかります」と言ったら、それは言葉のとおり、わかったということだ。私は一度だってみなさんを裁いたことはない。完全にはあなたの立場にはなれないのだから。神の恩寵がなければ、私だってそうなっていたかもしれないのだ。

スーザン・カルニセロによる謝辞

二冊目を送り出すことになり、応援してくださった友人、家族にいまいちど感謝を述べる場をいただいた。

まず、子どもたち――ローレンとニコラス・カルニセロのゆるぎない愛とサポートに感謝したい。二人がいなかったら私がこのプロジェクトに参加することはできなかっただろう。私がのぼるキャリアの階段を理解し、受け入れてくれたことは何よりもありがたい。そのおかげで、私は自由に今の仕事に取り組むことができた。二人はありがたいことに、優しさと思いやりとウィットに富む少年時代を過ごしている。期待どおりに育ってくれた二人を心から誇りに思う。

両親アナ・マリとジャック・ブレントン、クリフ・マンシーに、ぜひありがとうと言わせてほしい。いまの私があるのは、子どものころから辛抱づよく導いてくれたおかげだ。無条件の愛情にありがとう、と言いたい。

長年にわたりいつも私を支えてくださった友人たちにも感謝している。そのなかの一人、シーラ・デリベリーは二、三か月前、がんで帰らぬ人となった。病床にあっても、彼女は私に励ましと助言を与えてくれた。病魔との闘いを見るにつけ、その助言が心に刺さる。つねに粘り強く、優しい人だった。その強さに心打たれるとともに、彼女を喪った悲しみをあらためて感じる。

シンディとスティーブ・ジェンサロウスキーは家族の誰より親しい存在だった。さまざまな分野で示してくれたふたりのサポートは人生の最も大事な宝物である。シンディは相変わらず私の話にずっと耳を傾けてくれ、私がおろかな愚かな間違いをしていると正してくれた。山あり谷ありの人生に寄り添ってくれ、温かい目で見守ってくれたことにつきせぬ感謝をしたい。

いま思えば、これまでずっと人の縁に恵まれてきた。本書執筆時に、また必要なときに必要な存在でいてくださったみなさんの愛、導き、ご支援に感謝申し上げる。

ピーター・ロマリーによる謝辞

近くで優しく支えてくれる人たちに感謝を申し上げる前に、まず私が学び、頼りにし、本書でも引用した研究をものされた諸先生方の名前をあげたい。ダン・アリエリー、ターリ・シャーロット、エイミー・カディ、ダニエル・カーネマン、ウィリアム・ユーリー、ロバート・チャルディーニである。読者のみなさんには、ぜひここにあげた先生方の著書等を読まれることをお薦めする。

私は仕事の場で素晴らしい友人、同僚、学生に恵まれてきた。彼らから学んだことは大きい。学びの旅は今日も続いており、一人ひとりにお礼を述べられないほど多くの人たちにお世話になった。その存在が私にとってどれほど深い意味をもっていることか。シグマ・スレット・マネジメント協会の同僚たち、とくにマリッサ・ランダーゾ、ドリアン・ヴァン・ホーン、アンディ・パトリック、ジーン・ダイシンガーに感謝する。ジェフ・ポラードにもとくにお礼を言いたい。

長年にわたり、法律家としてパートナーのジェレミー・タナー、最高の弁護士アシスタントのエイプリル・ウゼルには公私ともにお世話になっている。イーストカロライナ大学の同僚、カーマイン・スキャヴォ、アレシア・クック、ブラッド・ロッカビー、ボブ・モフェットにありがとう、と言いたい。望みうる最高の医者であり友人であるジム・ギャロウェイとマーク・サーヴィには、言葉にできない感謝の思いでいっぱいである。

家族にも――両親、ジョンとジョイ・ロマリーの変わらぬサポートと信頼に感謝したい。義理の両親ジョンとボビー・ウィッグスにも感謝を述べる。

最後に、娘エリザベスと妻マーシーに。ふたりの存在は私にとって何物にも代えがたい。仕事で忙しいときも、私がふたりのことをどれだけ深く愛しているか、どれだけ誇りに思っているかちゃんとわかってもらえていますように、と願ってやまない。娘と妻がいなかったら、私の人生は完全とは程遠いだろう。「エリザベスの父」「マーシーの夫」と呼ばれる以上に、私にとって誇らしい肩書はない。

ドン・テナントによる謝辞

父が生きていたら、きっとこの本を好きになってくれたと思う。父は私が書くものを何でも喜んで読んでくれた。しかし今回は特別なのだ。じつは三五年前、父はフィル・ヒューストンに会っていた。当時フィルはまだCIAのオフィサーになりたてで、私はジョージタウン大学を出、国家安全保障局で働く用意をしていた。父は軍人として国のために貢献してきたから、フィルと私がこのような仕事を選んだことをことのほか満足してくれた。父は三年間ALSと闘った後、二〇〇四年他界した。ALSは誰にとってもつらい病気とはいえ、他人に頼るのでなく、自分が人のために行動することに慣れていた父のような人にとってはなおさらだ。父は決して弱音を吐かなかった。最後までユーモアのセンスも失わなかった。本の執筆には大変な忍耐力がいるが、私はそれを父から教わった。

本の執筆には自己犠牲も必要である。それを教えてくれたのは母だった。私が中学高校のころはまだ家にタイプライターがなかった。母は何年もの間、ランチの時間や残業時間を使って、オフィスで私のレポートや論文の課題をタイプしてくれた。高校すら出ていないのに、スペリングの正しさは他に比べものがなかった。そんな母に、きちんと感謝できていただろうか。いまあらためて、心から母に感謝したい。

ほかにも多くの方々にお世話になった。とくにウスターとスターブリッジ（マサチューセッツ州）のバハイー・コミュニティの友人たちは、本書執筆の間、ずっと励ましを与えてくれ、元気づけてくれた。四人の子どもたちは本人たちが思う以上に、私の支えとなっている。子どもとのやりとりではいつも楽しく笑顔になれるのがありがたい。何よりも私を応援しつねに励ましてくれたのは、妻アーディスである。彼女を見たとき、あらゆる美徳の基盤である真実がそこにある――と感じたことを思い出す。

訳者あとがき

目の前にいる人から「本当のこと」が引き出せたら！
たとえば、交渉相手。どこまで妥協する気になっているのか。
たとえば、部下。うまく言い逃れしているが、何か重大なミスをしたのではないか。
たとえば、なじみの顧客。最近、購買頻度が減っているのは、何が理由なのか。
たとえば、つき合っている相手。気になることがあるけれど……浮気していない？

誰でも、そう思う場面に何度も遭遇しているだろう。そこで、ある人はいきなり真正面から聞き出そうとしていなされたり、またある人は何のシナリオも作らず衝動的に問いを投げかけ、かえって関係をこじらしたり……そんな成り行きを想像して、何も言いだせないまま悶々としている人も多いのではないか。

相手から「本当のこと」を引き出すには、テクニックがいる。
そのテクニックを教えるのに、これ以上ふさわしい人物はいないだろう。ＣＩＡで実績を積んだ取り調べのスペシャリストが満を持して書いたのが本書 *Get The Truth: Former CIA Officers Teach You How to*

Persuade Anyone to Tell All である。CIA取調官らは実際どのようにして相手から真実を引き出しているのか？「嘘を見抜くテクニック」を伝授した前著 *Spy The Lie* に引き続き、アメリカでベストセラーとなった。

著者のバックグラウンドについては前著の翻訳『交渉に使える CIA流 嘘を見抜くテクニック』あとがきをご参照いただくとして、本書の読みどころはまずなんといってもCIAでのスリリングなエピソードである。それまで地味でごく普通にみえる女性が、信頼のおける協力者だと疑わなかった男性が、周囲にも好かれ前途洋々に思えた優秀な青年が――彼らの取り調べにうなだれ、肩を落とし、次々に告白していく。事実に裏打ちされたドラマの迫力に、読者のみなさまは圧倒されるにちがいない。実際、この部分があるからこそ、彼らのテクニックは光を放つ。

本書で示されるテクニックのなかには一見、意外なものも多いかもしれない。たとえば、キモともいうべき「モノローグ」。ここでは、質問者側が長台詞で相手のバリアを解き、みずから話す気にさせる方法が語られる。誰でもがすぐに実践できるわけではないが、大事なのは「長台詞」そのものでなく、相手に「自分はあなたのこと（立場、事情）を理解していますよ」というメッセージを伝えることだ。あなたを責めてはいません。つらかったでしょう。あなたにもそうせざるをえない理由があったんですよね――言葉だけ並べるのは簡単だ。しかし、相手の心を動かすには、とことん相手の立場を考え、気持を理解しようとすることが大事である。そしてこれには人間的な洞察力がいるだろう。

先に〈「本当のこと」を引き出すには、テクニックがいる〉と書いたが、決してテクニックだけではないのだ。さらにいえば、テクニックを支えるこうした本質的な部分こそ、日常、ビジネスの場や人間関係の場で生きる知恵となるのではないだろうか。

私の話で恐縮だが、かつて新卒で日本経済新聞の記者をしていた。流通経済部の記者として取材の対象は、企業のトップから開発担当者、仕掛人、消費者、取引先など幅広く、企業といっても超大手があればベンチャー、老舗もある。日本企業ばかりでなく外資系もあった。相手にとって「いい話」をしていただく場合もあれば、話したくない人の口を開かせる場合もある。いい話といっても、取材の内容も、相手が話したいことばかり聞いて書いては記事にならない。そこでこちらが聞きたいことをきっちり話していただき、「話すつもりではなかったけれど……でも話してよかった」という気になっていただくにはどうしたらいいか。信頼していただくしかないのだが、新米ゆえ日々手探りだった。当時の私が本書 *Get The Truth* を読んでいたら……と今回、訳しながら何度思ったことだろう。

おかげさまで、日経時代の経験からいままでもインタビュアーとしての仕事依頼をいただいている。「話の引き出し方」といったセミナーで話をさせていただく機会も多い。本書の「取り調べ」のような緊迫したインタビューではないが、共通点はいくつかある。

なかでも一つあげるならば、「聞き手が『場』を左右する」ということだ。もちろん主役は相手であり、聞き手がでしゃばるのも妙なものだが、聞き手によって場の空気は大きく変わる。聞き手がナビゲートし、盛り上げ、うまくきっかけを提供することで、場から生まれるものも違ってくる（本書であれば「真実」の発見といえよう）。話のあとの満足感も大きく異なる。前提となるのは、相手への理解、共感（一般的な場合は、相手への敬意と興味も）であり、その深さは事前準備によって左右される。

こうしたことは、本書でもいたるところで強調されている。しかも、一般には暗黙知であるものが、ここでは、相手との関係の築き方、場の空気の作り方、相手への理解の示し方、準備はどうすべきか、話の進め方、タイミングのつかみ方など、具体的に説明されている。交渉や話し合いの場に臨むビジネスパーソンの方々には、ぜひ今日からお役立ていただきたいと思う。

本書の翻訳にあたり、資料収集・準備から下訳など、私が主宰する翻訳スクール　プローシェンヌの受講生に協力を得た。名前をあげて謝意を表する。高橋直子・鳥羽まなみ・野中裕美・野村伊公子・麦《ばく》つぼみ・渡邉智子（五十音順、敬称略）

創元社編集部の渡辺明美氏には終始、力強いサポートをいただいた。優しい励ましと理解、仕事と私への深いかかわり、プロフェッショナルな洞察力、判断力……まさに本書で書かれていた「真実を引き出す」要素を体現する仕事ぶりに、あらためて敬意を表し、感謝申し上げる。

最後に、私を支えてくれる大事なパートナーたちに心からの「ありがとう」を。

本書で「相手の気持ちが知りたい」皆さまのモヤモヤが晴れることを願いつつ。

二〇一五年春

鈴木淑美

著者・ライター・訳者紹介

●著者……………………………………

フィリップ・ヒューストン、マイケル・フロイド、スーザン・カルニセロ、ピーター・ロマリーはキューヴェリティ社の共同経営者。同社は嘘発見、面接、人事適格審査、取り調べノウハウについて、研修およびコンサルティングサービスを世界規模で提供している。

フィリップ・ヒューストン　嘘発見、きわめて重要な尋問、取り調べの権威として、全米で評価が高い。ＣＩＡに二五年勤務し、その優れた仕事ぶりでキャリア・インテリジェンス・メダルを受賞した。保安局上級職員時代は、捜査官およびポリグラフ検査官としてＣＩＡをはじめとする連邦政府関連機関で数千件もの面接や取り調べを担当。全米の諜報機関や警察で現在用いられている嘘発見メソッドを開発した。犯罪行為や局員の保安、対外諜報活動や反テロ活動など国家安全保障上の主要問題にまで幅広い領域を手がける。外国での面接経験も多く、六年間にわたって海外に駐在していたことから、外国人との面接に独自の見識と経験をもつ。

フィルが嘘発見メソッドをビジネスに応用し、見事に市場を創り出したことはイーモン・ジェイバーズの『ブローカー、商人、法律家、スパイ』（二〇一〇）に明記されている。

イーストカロライナ大学（ノースカロライナ州グリーンビル、略称ＥＣＵ）で政治学ＢＡ取得。二〇一三年、同大学の優れた卒業生に贈られるＥＣＵ同窓会賞を受賞した。妻とグリーンビル在住。

マイケル・フロイド　フォーブス誌ランキングでトップ一〇入りするアメリカ、ヨーロッパ、アジア各地のファミリー企業や大企業対象に研修・コンサルティングを提供。犯罪行為、職員適性審査、国家安全がらみのケースにおける面接、嘘発見、取り調べの権威として知られる。

アドバンスト・ポリグラフ・サービス社を立ち上げ、警察、法律事務所および民間企業に一〇年間にわたり、取り調べや尋問をおこなってきた。現在は、金融や監査法人に嘘発見と情報収集の研修とコンサルティングを提供している。

もともとはアメリカ陸軍ＭＰ士官としてアメリカとアジアで勤務。のちにＣＩＡおよび国家安全保障局に入局する。三五年間で八〇〇〇回をこえる面接・取り調べをおこなった。

サウスダコタ大学で教育学のＢＳ取得。さらにリード大学でＭＳ、シアトル大学ロースクールでＪＤの学位をもつ。妻エステリータ・マルケス・フロイドとナパ（カリフォルニア州）在住。

スーザン・カルニセロ　ＣＩＡの元・安全保障のエキスパート。二〇年間にわたって国家安全保障、採用、犯罪に関する取り調べ、尋問、ポリグラフ検査をおこなってきた。連邦政府や民間企業でも用いられる行動スクリーニングプログラムを開発。面接、嘘発見、取り調べの第一人者として知られる。

政府機関や警察から金融はじめ民間企業対象に、研修を実施。米国政府内における上級職員の適格審査に携わるほか、フォーブス誌ランキングでトップ一〇入りする超大手ファミリー企業のコンサルティングをおこなっている。

CIA入局前はIR（投資家向け広報）や企業コミュニケーションの分野で経験を積み、フォーチュン誌トップ五〇〇の企業でPR部門のトップとして活躍した。

ジョージ・メイソン大学（ヴァージニア州フェアファックス）でコミュニケーションのBA取得。メリーマウント大学（ヴァージニア州アーリントン）で犯罪心理学のMA。

娘ローレン、息子ニコラスとともにシャンティリー（ヴァージニア州）で暮らしている。

ピーター・ロマリー　キューヴェリティの共同経営者で法律顧問。弁護士、調停人のほか、交渉、リスクマネージメントなどの分野で世界的に有名なエキスパート兼トレーナー。政府と民間企業にコンサルタンティングを提供。アメリカ内外で講演活動もおこなっている。

二〇〇二年、『ナショナル・ロー・ジャーナル』でアメリカの法廷弁護士トップ四〇（U四〇）に選ばれた。一四の州で仕事が評価され、民間として最高ランクの名誉賞を受賞。ほかにも『ナショナル・ロー・ジャーナル』プロ・ボノ賞、エリス島栄誉賞、アメリカ警察殿堂賞など受賞多数。二〇一〇年、高等教育の安全に対する貢献が認められ、UNC学生自治協会ジョン・サンダーズ賞を受賞した。

キャンベル大学ロースクール助教授。レディング大学とノースカロライナ大学（チャペルヒル）で法学の学位を取得している。妻マーシーとともにノースカロライナ州グリーンビル在住。ミシシッピ大学に通う娘エリザベスがいる。

●ライター……

ドン・テナント　ビジネスとテクノロジー分野におけるジャーナリストとして実績多数。現在、キューヴェリティの共同経営者。

もともとは国家安全保障局で国際経済リサーチアナリスト。上級政策立案者に重要情報報告書を作成していた。やがてジャーナリズムへの道に転身、『コンピュータ・ワールド』誌の編集長となる。のちに『コンピュータ・ワールド』誌、『インフォワールド』誌の論説委員。数十人の著名CEO、および数百人の一流企業重役対象にデプスインタビューをおこなった。

アメリカン・ビジネス・メディアから二〇〇七年ティモシー・ホワイト賞を受賞。また、優れたニュース取材が認められてヘッセ・H・ニール・ナショナル・ビジネス・ジャーナリズム賞を受賞した。ほかにも『コンピュータ・ワールド』誌でのコラムで大きな賞を数回受賞している。

ジョージタウン大学（ワシントンDC）で言語学BS取得。妻アーディス、娘シェリーとともにノースカロライナ州グリーンビルに在住。ツイッターは@dontennant

●訳者……

鈴木淑美（すずき　としみ）　ビジネス・ノンフィクション翻訳家。

おもな訳書に『JFK未完の人生』（松柏社）、『リーゼ・マイトナー　嵐の時代を生き抜いた女性科学者』（シュプリンガージャパン）、『巨大企業が民主主義を滅ぼす』（早川書房）、『コマネチ若きアスリートへの手紙』（青土社）など。上智大学（英）卒、慶應義塾大学大学院（英文）修了。関西学院大学専門職大学院でMBA取得。翻訳スクール　プローシェンヌ主宰。

交渉《こうしょう》に使《つか》えるCIA流《りゅう》
真実《しんじつ》を引《ひ》き出《だ》すテクニック

2015年7月20日　第1版第1刷発行

著　者……
フィリップ・ヒューストン
マイケル・フロイド
スーザン・カルニセロ
ピーター・ロマリー
ドン・テナント
訳　者……
鈴木淑美
発行者……
矢部敬一
発行所……
株式会社 創元社
http://www.sogensha.co.jp/
本社　〒541-0047 大阪市中央区淡路町4-3-6
Tel.06-6231-9010　Fax.06-6233-3111
東京支店　〒162-0825 東京都新宿区神楽坂4-3 煉瓦塔ビル
Tel.03-3269-1051
印刷所……
株式会社 太洋社

©2015, Printed in Japan　ISBN978-4-422-30063-4